教育部人文社会科学研究项目"全球价值链视角下的生物多样性贸易转移及其影响因素研究"（22YJA790058）
国家自然科学基金项目"自然资源资产与经济增长、经济安全的协调机制与策略研究"（71934001）
国家社科基金青年项目"碳中和目标下环境协同治理的健康效应统计研究"（21CTJ024）
安徽省高校哲学社会科学优秀青年科研项目"双碳目标下数字金融的碳减排效应统计研究"（2022AH030067）
山东省智慧海洋牧场重点实验室（筹）开放课题"新旧动能转换背景下海洋牧场可持续发展研究"（IMR202301）
"泰山学者工程专项经费"资助

中国自然资产核算理论与应用

王舒鸿　宋马林　孙明　周远翔◎著

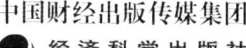

·北京·

图书在版编目（CIP）数据

中国自然资产核算理论与应用/王舒鸿等著. --北京：经济科学出版社，2024.1
ISBN 978-7-5218-5588-3

Ⅰ.①中… Ⅱ.①王… Ⅲ.①自然资源－国有资产－经济核算－中国 Ⅳ.①F231.2

中国国家版本馆 CIP 数据核字（2024）第 028242 号

责任编辑：杜　鹏　武献杰　常家凤
责任校对：刘　昕
责任印制：邱　天

中国自然资产核算理论与应用
王舒鸿　宋马林　孙明　周远翔 ◎ 著
经济科学出版社出版、发行　新华书店经销
社址：北京市海淀区阜成路甲 28 号　邮编：100142
编辑部电话：010-88191441　发行部电话：010-88191522
网址：www.esp.com.cn
电子邮箱：esp_bj@163.com
天猫网店：经济科学出版社旗舰店
网址：http://jjkxcbs.tmall.com
固安华明印业有限公司印装
710×1000　16 开　9 印张　160000 字
2024 年 1 月第 1 版　2024 年 1 月第 1 次印刷
ISBN 978-7-5218-5588-3　定价：69.00 元
(图书出现印装问题，本社负责调换。电话：010-88191545)
(版权所有　侵权必究　打击盗版　举报热线：010-88191661
QQ：2242791300　营销中心电话：010-88191537
电子邮箱：dbts@esp.com.cn）

前　言

资源消耗、垃圾排放导致人类面临严重的资源枯竭和环境污染，这不仅加剧了人与自然的矛盾，而且不利于经济与环境的协调发展。当前，中国自然资源的供需矛盾较为突出，资源利用效率不高。其中，2016年度中国GDP能耗为0.68吨标准煤/万元（按照2015年度美元价格和汇率计算，中国单位GDP能耗为3.7吨标准煤/万美元），为2015年度世界能耗平均水平的1.4倍以及发达国家平均水平的2.1倍。当前的资源消耗和环境污染已经严重影响到经济安全和居民生存，随着资源进口量不断扩大，我国经济发展的对外依存度不断提高，而环境污染导致的雾霾和水污染等问题不仅降低了居民生活质量，而且导致了大量的经济损失。可见，当前的资源消耗和生态破坏已经成为了影响中国国计民生的重大问题。

在此背景下，中国政府开始从诸多方面引导开展资源保护和环境治理行动，例如，出台了号称"史上最严"的《环境保护法》、设立了环境保护专项财政补贴、鼓励企业进行技术创新以提高资源利用效率和强化媒体监督与信息披露等，这些措施为提高资源利用效率和降低环境污染水平提供了法律、资金、舆论和技术支持，但缺乏具体的治理手段，无法达到标本兼治的效果。

2013年11月，中国共产党第十八届三中全会作出了"探索编制自然资源资产负债表，实行自然资源资产离任审计"的决定；2015年11月，中共中央办公厅、国务院先后出台了《编制自然资源资产负债表试点方案》和《开展领导干部自然资源资产离任审计试点方案》，并选取了浙江省湖州市、陕西省延安市和内蒙古自治区呼伦贝尔市等地区进行探索性实践，以期引导和约束决策部门转变经济发展理念，提高资源管理和环境保护意识。

需要指出的是，自然资产核算不仅是政府治理的重要手段，而且可以为中国的自然资源管理和环境保护提供信息和制度支持。但自然资源资产负债表的编制是一项复杂工作。首先，资产负债表必须具有会计属性，但不同自然资源资产的确认和负债的存在性仍存在较大争议。而且，纳入自然资源资产负债表中的要素应具有经济价值，而在当前市场化水平和技术水平下，部分自然资源的价值难以衡量。更重要的是，中国产权制度也无法明确资源资产的产权归属，因此，自然资源也就失去了核算和编制的前提。在这种情况下，本书尝试从治理属性和会计属性，尽可能完善自然资源资产负债表的编制，为政府或相关决策者提供有借鉴意义的参考。

本书作者王舒鸿教授是教育部人文社会科学研究项目"全球价值链视角下的生物多样性贸易转移及其影响因素研究"（22YJA790058）负责人、安徽财经大学宋马林教授是国家自然科学基金"自然资源资产与经济增长、经济安全的协调机制与策略研究"（71934001）负责人。本书也是国家社科基金青年项目"碳中和目标下环境协同治理的健康效应统计研究"（21CTJ024）、安徽省高校哲学社会科学优秀青年科研项目"双碳目标下数字金融的碳减排效应统计研究"（2022AH030067）的阶段性成果之一。

撰写人员均为来自南开大学、中国海洋大学、山东财经大学和安徽财经大学的优秀学者和研究生，山东海洋现代渔业有限公司的孙明总经理对本书中的涉海部分章节提供了理论和经验支持。在本书完稿过程中，陈穗穗整理了森林资源部分、刘馨恬整理了土地资源部分、刘璐和田文倩整理了矿产资源部分、李伟耀整理了水资源部分、王舒鸿和卢彬彬整理了海洋资源部分。另外，王舒鸿和孙明还对全书的逻辑框架进行把控，对概念内涵、文献资料、研究现状进行了详尽的梳理。孟嘉琪和孙明则对全书进行了认真的编审和校对工作。同时，宋马林、王舒鸿和周远翔根据资源资产负债表的内容开发了相应的软件，以便于更直观地计算出自然资源资产的价值。

书中难免存在不妥之处，敬请广大读者批评指正。

王舒鸿
2023 年 9 月

目　录

第1章　意义、理论与发展 ·· 1

 1.1　编制意义 ·· 1

 1.2　理论基础 ·· 3

 1.3　发展历程 ·· 6

第2章　框架、设计与探索 ·· 8

 2.1　资产负债表的概念探讨 ·· 8

 2.2　资产负债表的主要框架 ·· 9

 2.3　资产负债表的构成要素 ··· 14

 2.4　资产负债表的开发应用 ··· 18

 2.5　自然资源资产负债表的探索 ··· 23

第3章　森林资源资产负债表的编制 ··· 25

 3.1　森林资源资产 ··· 25

 3.2　森林资源负债 ··· 40

第4章　土地资源资产负债表的编制 ··· 42

 4.1　土地资源资产 ··· 42

 4.2　土地资源负债 ··· 45

第5章　矿产资源资产负债表的编制 ··· 52

 5.1　矿产资源资产 ··· 52

    5.2 矿产资源负债 ·· 59

第 6 章 水资源资产负债表的编制 ································ 76
    6.1 水资源资产核算 ·· 76
    6.2 水资源负债核算 ·· 83
    6.3 水资源资产负债表 ·· 84

第 7 章 海洋资源资产负债表的编制 ······························ 86
    7.1 核算理论与探索 ·· 86
    7.2 海洋生物的核算 ·· 88
    7.3 海洋濒危生物的核算 ·· 95
    7.4 矿产资源的核算 ·· 98
    7.5 海岸线资源的核算 ··· 102
    7.6 湿地资源的核算 ··· 113
    7.7 海岛资源的核算 ··· 121

第 8 章 全书总结 ·· 129

主要参考文献 ··· 131

第 1 章　意义、理论与发展

1.1　编制意义

我国土地辽阔，自然资源丰富。然而，各种自然资源如今面临着过度采掘与滥用的困境，已导致其储量日渐枯竭，制约着经济的可持续发展。而且产权不明确往往导致自然资源定价不准确、开发与利用无节制、配置效率低下等问题。党的十八届三中全会针对上述出现的问题，提出了要"健全国家自然资源资产管理体制"的要求。这就要求自然资源的所有者和管理者不能混为一谈，而且要建立不同的部门分担不同的职能。而要落实全民所有的自然资源产权，最首要的一点就是清点自然资源，探悉土地、矿产、森林、水、海洋等各种自然资源的实物量、价值量以及变动情况，以此为资产管理工作提供"资源家底账、生态盈亏账、管理绩效账"。要想实现自然资源的有效利用和充分利用，使资源资产效益最大化，自然资源资产的全部职责要统一行使，行使主体应为自然资源部。

自然资源既然作为一种资产，就必须具备资产属性。各级领导干部在上任和离任期间，自然资源究竟开发了多少、利用了多少、还剩余多少，需要有相对科学的判断，这也可以作为领导干部政绩考核的一部分。现在中国经济已由高速增长阶段转向高质量发展阶段，而经济高质量发展要求在关注经济发展的同时，把自然资源合理开发与利用放在更加突出的位置。在这一过程中，政府可以利用自然资源资产核算激发领导干部对资源环境的重视。而因为当前该核算方法的缺位，导致各地政府对资源环境的重视程度并不高。如果自然资源部门能够对自然资源进行核算和评估，并且把结果运用到在对管理者自然资源资产离任审计和差异化绩效考核中，综合评定领导干部对自然资源资产的管理情况，会起到约束作用，就能推动领导干部切实履行自然资源资产管理和生态环境保护责任，有助于消除开发利用中只计算经济效益、不计环境代价的错误意识，补足因自然资源基础数据少导致的资产管理信息不够这一短板，能够有效解决管理责任评价中的监督缺失问题，从而构建出一个完整的空间治理体系。

受限于自然资源核算范围不确定、核算方法不统一、核算要求不一致，自然资源的核算工作一直陷于停滞。因此，实施自然资源资产统一会计，制定出一套包含资产会计制度、会计准则和会计方法的资产会计体系，使其具有适用性，以达到自然资源统一监督管理的作用，这也是现阶段的必然要求，是当务之急。基于此，党的十八届三中全会也提出探索编制自然资源资产负债表，是国家保护自然资源资产、落实绿色发展理念、建设美丽中国、完善生态文明治理体系的重要基础环节。

1.1.1 核算价值总量，摸清资源家底

目前最根本的问题是对自然资源家底认知极不充分，且统计监测体系远未健全，在技术上严重阻碍了自然资源资产管理体制的建立。构建集自然资源资产调查、监测、核算及评价信息为一体的自然资源资产负债分部报表，不仅可以把一定时期内全民所有自然资源资产的质量反映出来，还可以反映这段时期内自然资源资产的管理状况，通过摸清自然资源家底的变动情况，可以对不同地区内的资源开发利用现状进行精确把控，明确不同资源的主题功能定位和发展方向，实现资源的可持续利用。然而，现如今本书对于各种自然资源的存量和使用仍不够深入，对自然资源的测度尚没有形成完整的统计体系。这就导致对于自然资源缺乏有效的监督和管理，容易导致资源滥用现象的发生。编制自然资源资产负债表有助于本书摸清资源家底，对资源现状进行精确把控，减轻生态承载力较低地区的环境负担，对于不合理的经济开发活动加以管控，有益于发展格局的优化、把握开发区域的合理性、实现资源的可持续利用，同时，对自然资源家底变动真正做到实时掌握。

1.1.2 划分资源产权，助力离任审计

制定自然资源资产负债表，对生态环境造成的损失进行终身追究制，可以对

领导干部实施自然资源资产离任审计起到重要的指导作用。这就意味着，在未来的一段时间里，政府要对自然资源资产进行核算，对具体的发展情况进行度量。它为资源开发、环境保护、经济发展与政府绩效考核等方面提供了一个重要的参考。中央的财政分权也可以有效落实，干部晋升也增加了评价的维度。与此同时，它还明确了资源的所有权和责任，可以在对管理层实施自然资源资产离任审计时起到关键作用，使得政府增强管理效率和城市发展成果透明化，让人民更好地了解发展的进程。

1.1.3 自然资源监测，实现预警修复

基于自然资源资产负债表，可以建立自然资源安全评价指标体系，将资产、负债的动态变化汇入到区域生态服务中，并对其所在区域内自然资源的数量与价值进行及时的反映和客观评价，对变化的原因进行分析。国家通过研究不同地区的具体情况，提出自然资源安全的阈值，实现自然资源的动态监测以及预警。当自然资源资产或负债低于阈值时，可以提出相应的补救方案和措施，这样才能把损失降低到最低程度。同时，也可以为政府寻求新的增长点提供参考，不仅可以促进经济产业结构的转变和政府资源的优化配置，还能推动资源节约型和环境友好型国家的形成，对国家的生态文明建设也有很大的帮助。

1.2 理论基础

自然资源资产负债表具有跨学科的属性，其研究的理论框架涉及经济学、环境学和会计学的相关基础理论。为直观起见，自然资源资产负债表所涉及的理论如图1-1所示。

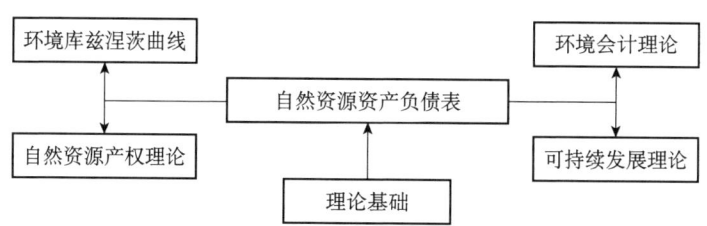

图1-1 自然资源资产负债表理论基础

1.2.1 可持续发展理论

自然资源资产负债表的提出，首先来源于可持续发展理论。为维护资源和环境系统的生产更新能力，在不破坏资源基础和生态平衡的同时还可以实现经济发展，相关学者对可持续发展展开了大量的研究：哈特威克（Hartwick，1990）分析了国民账户中的环境资产核算问题，认为正确测度经济增长速度就应该将自然资源消耗从 GDP 中扣除；亨格（Hung，1993）则对哈特威克（1990）的观点进行了修正，构建了不确定性条件下的国民生产净值（Net National Product，NNP）估值模型；而哈里斯和弗雷泽（Harris & Fraser，2002）则从政府决策与福利信息披露关系的视角为自然资源的核算方法提供了改进建议。随着 SNA2008 和 SEEA2012 先后出台，部分学者也开始从可持续发展的视角研究自然资源的价值计量问题：澳博斯特和瓦尔登（Obst & Vardon，2017）探讨了自然资源耗损和生态系统退化的价值计量问题，并认为在国民账户中嵌入环境信息可以为政府经济决策和可持续评估提供数据支持和现实参考，有助于提高决策的科学性和评估的准确性；博纳吉特等（Banerjee et al.，2018）则发现，将经济与环境相融合而构建经济环境核算体系，可以有效评估预测经济政策实施的潜在经济和环境影响。可持续发展理论的发展推动了自然资源核算方法、技术标准和评估准则的研究，为自然资源资产负债表的编制提供了基础和方向。

1.2.2 环境会计理论

关于环境资源的研究，环境会计理论是另一个重要的理论分支。环境会计理论从资源的经济属性出发，强调其稀缺性、有限性和价值性，从会计视角对资源的价格和价值进行确认、计量和管理，为组织决策提供有用信息。环境会计借鉴会计要素和基本原理，将资源消耗、生态破坏的应付补偿和恢复成本视为环境负债和环境成本（Toture，2010），为自然资源核算和管理提供了新的视角。例如，波比登和怀特（Bebbington & Waters，2001）将会计要素、账户体系和核算原理与计量属性引入环境资产核算；沙瑞尔和奥博斯特（Schreyer & Obst，2015）在进行环境资产的价值计量时引入了净现值法。自然资源资产负债表是一张"资产负债表"，相关会计原理的引入使得环境资产的核算开始遵循"有借必有贷，借贷必平衡"复式记账思维，为自然资源资产、负债和所有者权益的确认与计量提供了直接支持。从环境会计理论的当前发展趋势看，其理论研究的主体正逐渐由以企业为代表的微观主体转向以政府为代表的宏观主体，其理论研究开始着眼于国民经济中与自然资源和环境有关的内容，主要从实物和价值层面对国家自然资源的消耗进行的计量，因此也被称为"自然资源会计"（Li，2001；Mia，2005）。

1.2.3 自然资源产权理论

从会计学视角看，明确的产权归属是资产负债表编制的前提。相应地，对自然资源资产负债表而言，明确的产权归属是其核算和编制的基础。在中国这样一个以公有制为主体的国家中，自然资源的产权具有鲜明的制度和法律特色。根据《中华人民共和国宪法》（2018）规定，中国的自然资源归国家（全民所有或集体所有）。德姆塞茨（Demsetz，1974）指出，自然资源的产权根源于其稀缺性，自然资源产权的关键特征是其排他性。然而，在中国的制度背景下，考虑到国家通常是一个虚拟的权利主体，自然资源通常处于政府代理管理的状态下。基本产权制度的不完善不仅导致了自然资源产权不清、权责不明、监管不力和耗损与流失严重等问题（Thwaites et al.，1998；Borissov et al.，2014）。因此，《中共中央关于全面深化改革若干重大问题的决定》中提出了"健全自然资源资产产权制度和用途管理制度"和"健全国家自然资源资产管理体制、统一行使全民所有自然资源资产所有者职责"的论断。这一论断为我国自然资源资产产权制度完善和自然资源资产负债表编制提供了制度基础。

1.2.4 环境库兹涅茨曲线理论

学者们对经济增长与环境和生态破坏关系的研究，深刻影响了经济发展理论和经济决策的方向。一般认为，经济发展与环境污染关系的研究始于高斯曼和克鲁格（Grossman & Krueger，1995）对于居民收入水平与环境污染倒"U"型关系的分析，这也被称为"环境库兹涅茨曲线"。大量学者运用不同数理模型对两者之间的倒"U"型关系进行了证明（Andreoni & Levinson，2001；Hartman & Kwon，2005；Brock & Taylor，2010），为后续研究奠定了理论基础。此后，大量学者运用经验证据对这一理论成果进行了实证检验，发现污染物排放和居民收入之间确实存在倒"U"型关系（Hilton & Levinson，1998），但这种倒"U"型关系受经济规模、产业结构和技术进步的影响（Song et al.，2018；Wang et al.，

2018)。就中国而言，随着环境污染对社会和经济发展的威胁越来越大，学者开始从产业结构调整、绿色技术进步、环境规制和资源利用效率等视角研究如何加强环境治理和生态保护，实现环境与经济的协调发展（He & Wang, 2012; Song et al., 2018; Wang & Song, 2017; Wang et al., 2018）。

1.3 发展历程

国外学者关于自然资产负债表的研究较少，中国学者对这一主题的研究也主要从2014年开始。由于相关研究目前尚处于探索阶段，所以直接以"自然资源资产负债表"为研究主题的文献并不多见。

部分环境会计领域的学者认为，自然资源核算是对传统国民经济核算体系（SNA）的一种修正，在SNA体系下，核算的重点是GDP及其增长速度，受这种资源基础和环境条件的影响的核算体系容易导致"经济虚假繁荣"和资源"空心化"（Hartwick, 1990）。随着资源消耗和环境污染问题的日益严重，一些学者和组织对资源核算问题展开积极探索，形成了一系列具有代表性的指标和核算体系。20世纪70年代，美国麻省理工学院首次提出运用生态需求指标（ecological requisite index, ERI）来测度经济增长对环境带来的压力（Rosenthal, 1971）；诺德豪斯和托宾（Nordhaus & Tobin, 1972）构建了经济福利指标（net economic wlefare, NEW）来计量资源环境；20世纪80年代末期，洛比托和麦克阿斯（Repetoo & Magrath, 1989）提出了国内生产净值（net domestic product, NDP）和可持续经济福利（index of sustainable economic wlefare, ISEW）指标，用于衡量真实经济增长率。

经过世界环境与经济组织的努力，世界环境与发展大会和联合国于20世纪90年代最终构建了一个综合经济与环境的核算体系，将环境核算纳入到了国民经济核算账户，最终形成了《综合环境与经济核算体系》（system of integrated environmental and economic accounting, SEEA-1993），开始将自然资源账户和调整后的国民经济核算账户纳入一个共同的框架，并创造性地提出了绿色国内生产总值（EDP）的计算方法（Holub et al., 1999），为自然资源核算提供了方法指导。随着时代发展和技术进步，SEEA也在不断完善，以适应当前资源和环境核算需求。进入21世纪之后，经过不断修订和完善，最终形成了SEEA-2012（UN et al., 2014）。

在可持续发展理念的指导下，部分国家先后进行了自然资源核算的尝试，例如，挪威统计局基于实物计量方法编制了自然资源核算账户，芬兰则构建了森林资源核算的框架体系（Lehman，1999）；津巴布韦运用自然资源账户对本国的自然资源进行了核算（Crowards，1996）；印度在国民经济核算账户中对其森林资源存量进行了测算（Gundimeda et al.，2007）；乌干达国民经济核算过程中对其林业资源进行了测算（Masiga et al.，2013）；纳米比亚基于 SEEA 对本国自然资源的核算与管理（Morton et al.，2016）。这些尝试对经济发展理念转变和环境与生态保护具有有益影响。

相对于主要发达国家，中国的自然资源核算理论与实践研究均起步较晚，但在中国政府的主导下，通过对国外相关理论体系和实践经验的借鉴和学习，中国的自然资源核算近年来发展迅速。张等（Zhang et al.，2010）指出，自然资源账户的存在有助于自然资源价值的有效识别，可以提高资源管理和资源保护政策有效性；董等（Dong et al.，2016）则考察了生态系统等对经济发展的推动作用。总体而言，中国关于自然资源分类、账户设立与核算和经济后果的研究同样集中于 SNA 和 SEEA 的框架下，与欧美国家当前关于自然资源核算研究的差异并不大。

实际上，在自然资源分类和核算体系研究不断达成一致的背景下，中国学者更多地将其研究重点集中于自然资源资产负债表的开发与编制。自然资产负债表是一个具有鲜明中国特色的研究主题。从自然资源资产负债表这一概念提出以来，相关学者围绕其内涵与功用、构成要素、编制原则与计量属性和表格范式勾稽关系等方面进行了一系列研究。在内涵与功用方面，部分学者展开了自然资源资产负债表属于"财务报表"还是"管理报表"的讨论（Hu et al.，2015）；在构成要素方面，自然资源负债的存在性、构成内容和计量方法成为了研究重点和难点之一（Hu et al.，2015）；在编制原则和计量属性方面，考虑到自然资源的产权和计价等问题，如何确定资源的入表范围和计量单位成为学者们着力解决的问题（Jordan et al.，2010）；在表格范式和勾稽关系方面，作为一张"资产负债表"，其在编制过程中是否应遵循会计平衡原理和是否采用复式账户，仍然是学者们争论的焦点。而且，现有研究存在的一个重要不足是，由于中国的自然资源资产负债表研究尚处于起步和探索阶段，因此，相关研究对这一主题的讨论往往集中于某一方面，缺乏对自然资源资产负债表基本结构和逻辑框架的整体性研究，这也在一定程度上加剧了相关学者的研究分歧。

第 2 章 框架、设计与探索

自然资源资产负债表的编制不仅应遵循会计报表的编制原则，而且应考虑自然资源的治理属性。正如 SNA 和 SEEA 存在关联性一样，自然资源资产负债表并不是独立的存在，它与自然资源核算账户存在关联。由于自然资源资产负债表反映的是一定地区某一时点的自然资源状况，目的是为资源管理提供支持和为经济决策的制定提供支撑。因此，对自然资源资产负债表的编制不仅应考虑资产负债表本身的会计属性，而且应将报表编制根植于编制主体和使用者所处的经济环境和制度背景下。

2.1 资产负债表的概念探讨

自然资源核算账户建立于 20 世纪 80 年代末，并自 SEEA1993 出台后开始与传统国民经济核算体系建立联系，逐渐实现了环境信息和经济信息的融合。自然资源会计将自然资源作为会计的目标，将实物会计与价值会计结合起来反映自然资源的存量与变动，并且研究了经济发展过程中的自然资源使用状况。而自然资源资产负债表是在会计恒等式的基础上建立的，计算的是在一定时间点上的自然资源资产，它的编制和核算都是建立在自然资源核算账户的基础上的（UN et al.，2014）。自然资源资产负债表是一种在资产负债关系基础上对其进行分析的一种方法。两者的关系见图 2-1。

现有的研究主要集中于对"自然资源"和"资产负债表"这两个基本概念的讨论。部分学者从会计学的视角出发，认为对自然资源资产负债表的编制应强调"资产＝负债＋所有者权益"会计平衡思想（LSchreyer & Obst，2015），反映责任主体的自然资源存量状况；一些学者则从 SNA 和 SEEA 的角度解读自然资源

第2章 框架、设计与探索

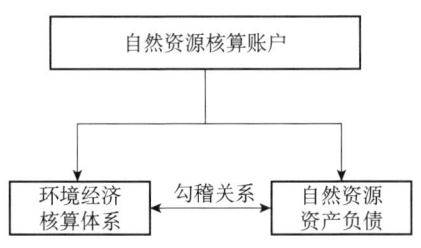

图 2-1 资产负债表与核算账户的关系

资产负债表,其观点为自然资源资产存量和流量的测算是编制的重点(UN et al.,2014);还有部分学者认为,自然资源资产负债表编制应关注的重点是责任主体的确认,因为它是资产计量的前提(Collis et al.,2010;Schreyer & Obst,2015)。但是,尽管对于自然资源资产负债表内涵的理解存在差异,但多数学者认同自然资产负债表是一张测算自然资源存量及其变动情况的报表,并且把这种报表归于静态报表的类别能够反映一个地区某一时点的自然资源"家底",有利于加强资源和环境管理,优化国家治理效率。

2.2 资产负债表的主要框架

自然资源资产负债表和传统的资产负债表相似性较高,其编制同样依赖于会计理论与方法(Mia,2005;Jordan et al.,2010;Schreyer & Obst,2015)。自然资源资产负债表的编制过程需要遵守基本会计假设,其会计要素确认和计量会涉及会计确认原则和计量方法,报表的逻辑关系构建也无法脱离会计理论的指导。考虑到自然资源资产负债表使用者的目的,本书从报表编制的目标出发,结合会计基本理论,建立了自然资源资产负债表编制的主要框架(见图2-2)。

2.2.1 编制目标和前提

自然资源资产负债表编制的目的和动机主要有两个:一是加强领导干部离任审计,维护经济发展和生态的平衡;二是摸清"家底",为资源管理和经济决策提供数据支持。这一编制目的决定了自然资源资产负债的编制者和使用者是中国的各级政府。而且,自然资源资产负债表所包含要素和对象的复杂性也决定了只有各级政府及其所属部门(统计局、审计署和财政部等)协同合作,才有可能

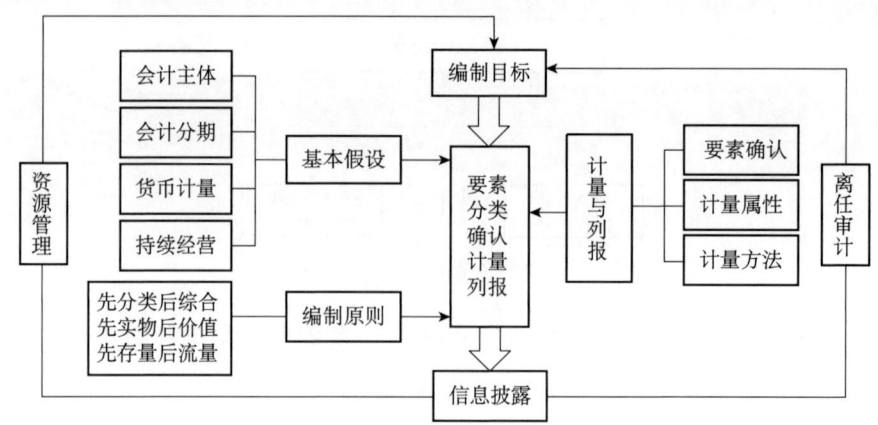

图 2-2 自然资产负债表编制的主要框架

完成相应的报表数据统计。

中国在发展自然资源资产负债表的过程中，也无法彻底剥离出其基本的会计假定，而在发展自然资源资产负债表的过程中，又必须遵循一定的会计原则。从会计的基本原理来看，会计的基本假定有会计主体、会计分期、货币计量、持续经营等。会计主体假设的提出实质上是为了确定责任主体，会计分期和持续经营假设则更多地为会计核算和信息披露提供了前提，货币计量则为会计核算提供了统一尺度，提高了会计信息的可比性（Collis et al.，2010）。

但自然资源资产负债表的责任主体突破了企业、经济组织等微观主体的限制，更多地属于政府等宏观主体，这从产权方面对以微观主体为基础的会计要素确认和计量产生了冲击，形成了对现有会计基本假设的挑战，需要会计理论的创新和重构。相应地，传统的资产负债表完全采用价值计量的方式进行会计核算，但对自然资产负债表而言，考虑到中国自然资源的管理现状（分类管理、多头管理、层级管理）和估价技术，对现有自然资源完全采用价值计量可能并不切实际（Mia，2005；Schreyer & Obst，2015）。因此，本书认为自然资源资产负债表应遵循"先分类后综合、先实物后价值、先存量后流量"的编制原则。此外，从中国自然资源资产负债表的编制目的来看，其关于会计核算和信息披露的基本假定与会计分期假设和持续经营假设是吻合的。

在传统资产负债表中，明确的产权归属是会计要素确认和计量的前提。但在中国的产权制度背景下，自然资源为全民所有或者集体所有，各级政府是自然资源的代理管理者和监督者，因此，只有通过各级政府才有可能完成相关数据的整理和汇总（Bramlett，2010）。此外，自然资源的种类颇多，不同类型的自然资源由不同的主权部门集中管理或共同管理，例如，我国土地资源、水资源、森林资源、海洋资源分别由国土资源部门、水利部门、林业部门、海洋管理部门集中管理。同时，对于水资源这一类资源，也可能出现水利部门、环保部门和农业部门共同参与管理的情形。分散的责任主体固然不利于对自然资源的分类管理，但多头管理同样有可能导致责任的缺失和管理的无效性。根据委托代理理论，代理人存在自利动机，当委托人无法对代理人进行有效监督时，可能会诱使代理人产生基于个体私利的道德风险行为（Jensen & Meckling，1976）。

对中国政府而言，自然资源的全民或集体所有实际上导致了"所有者缺位"的现象，而国家作为名义上的所有者又只是一个虚拟主体，从而导致其对作为代理人的各级政府的行为缺乏监督动机和监督能力，无法保障政府部门对自然资源的有效管理。所以，在现行的产权制度下，对自然资源资产负债表进行编制的一个关键和难点就是要建立起责任主体，并对自然资源所有权归属进行界定。只有积极地改进现有的产权制度，明确责任主体和它们的权责边界，才能在真正意义上促进自然资源资产负债表的开发和应用。

综合以上分析可以发现，自然资源资产负债表的编制需要传统会计基本假设和责任主体定义的理论创新：一方面，从自然资源资产负债表的编制目的来看，它显然遵循会计分期和持续经营这两个基本会计假设，这是其作为一张"资产负债表"的会计属性和特征的体现；另一方面，在我国基本经济制度背景下，自然资源的产权归属和实物特性对会计主体和价值计量两个基本会计假设提出了巨大挑战，这不但迫使会计理论和实务研究的主体由传微观视角向宏观视角扩展，而且要求会计理论的研究与产权理论的研究相结合，打破"各人自扫门前雪，莫管他人瓦上霜"的研究惯性，强化经济学、法学和会计学的学科交叉研究，为自然资源资产负债表的责任主体确立以及所有权、使用权和收益权的界定提供创造性的解决方案。

2.2.2 编制原则和方法

由图2-2可知，自然资源资产负债表的编制应遵循"先分类后综合、先实物后价值、先存量后流量"的原则，这明显不同于传统资产负债表科目统一、价值计量和存量列报的编制现状。作为一个成熟的财务报表体系，资产负债表、现金流量表和利润表三大基本报表既各司其职，又相辅相成，从存量和流量两个维度将企业财务状况、经营状况和经营成果构成一个多维度会计信息系统（Collis et al.，2010）。然而，自然资源资产负债表的编制尚处于探索和起步阶段，其科目设置、计量方法和信息列报均存在较大的不确定性和分歧，无法像会计资产负债表那样具有内容和形式的统一性，也难以形成完整的报表体系，从而对自然资源的存量和流量进行统一反映——由于自然资源分布的地域宏观性、种类多样性和管理主体层级性，试图从整体上对自然资源的存量进行统计既不现实，也不具有可操作性（Mia，2005；Schreyer & Obst，2015）。因此，确实应该坚持"先分类后综合"的原则，如按照自然资源的种类形成分类账户（包括总分类账户和明细分类账户），从而对不同种类的自然资源进行会计核算，并最终汇总计量。

需要指出的是，本书认为，对自然资源种类和子类的明确划分和管理主体的明确是这一原则得以贯彻的基础。以林地资源为例，这一类型的自然资源究竟属于土地资源还是森林资源，仍难以界定——国家林业和草原局在《2017年中国林业发展报告》中将其视为森林资源，而自然资源部则在《2017中国土地矿产海洋资源统计公报》中将林地视为土地资源的组成部分。在自然资源种类划分混乱和多头管理的状态下，其统计很容易出现错报、漏报和重复核算的情况，这就要求应形成统一的自然资源划分体系，明确自然资源的种类和每种自然资源涵盖的子类，并明确每一类自然资源的管理主体，做到体系完整、分类清晰和责任主体明确。此外，在中国当前的管理体制下，应由中央政府统一制定自然资源的种类划分体系和管理体系，并自上而下地进行推广，这有助于在自然资源资产负债表编制初期迅速形成相对统一和规范的账户体系、科目设置和报表格式，提高自然资源资产负债表的可读性和信息的可比性。

同样地，自然资源种类的多样性、空间分布的宏观性和环境影响的不确定性三种性质导致了其核算的复杂性。在这种情况下，对自然资源的流量核算难度较大，尤其是对受自然环境影响较大的水资源、生物资源和受技术水平影响较大的部分矿产资源进行流量核算的成本可能较高，而且容易受自然条件因素的干扰。因此，本书认为，在编制我国自然资源资产负债表时，应当以"存量"为重点。其实，在一个选定的时间点上，通过对各个时间点上自然资源资产负债表中的有关要素的存量进行比较，就可以反推某一特定时间点上的自然资源的流动状况。

而且，在自然资源资产负债表尚是一张"孤表"，未能建立起能够综合反映自然资经营状况和资源质量的报表体系的情况下，采用"先存量后流量"的编制原则更具可行性和实用性，可以避免"好高骛远"和"完美主义"导致的报表华而不实，不仅可以最大限度地发挥自然资源资产负债表的信息披露功能，还能发挥一定的管理监督功能。

此外，自然资源的特性也导致了对其进行价值计量的难度，例如，对某些矿产资源而言，在现有技术水平下勘测出其储存量是可行的，但对其进行价值估值却存在相当的难度，因为在不对矿产资源进行开采和交易的情况下，即使是以公允价值进行估算也可能有失偏颇。而且，对于某些自然资源而言，在当前经济和技术条件下它可能并无实际价值（或无法完全实现其价值），但这些资源可能存在期权价值，例如生物多样性、栖息地和风景景观等。因此，在自然资源资产负债表编制时，应遵循"先实物后价值"的原则。

当然，本书认为仅坚持"先实物后价值"的选择是不够。从自然资源资产负债表的编制目的出发，无论是摸清"家底"还是对领导干部进行离任审计，其实都离不开对自然资源利用效率和存量质量的评价。然而，在与"先存量后流量"的编制原则相匹配时，无论实物计量还是价值计量，所反映的都是存量情况，即自然资源的规模，即使考虑了其增加和耗损情况，也无法反映出资源利用效率和质量的变化。这一缺陷可能导致自然资源资产负债表信息披露的失准。以林木资源为例，假定某一地区处于经济发展需要会消耗 m 单位的林木，其价值为 M，同时进行了 n 单位的植树造林，其价值为 N，存在 $m<n$，$M<N$，但 $M/m>(N-M)/(n-m)$。此时，无论是以实物进行核算，还是以价值进行核算，从自然资源资产负债表来看，其期末存量都是增加的（为便于理解，假定期初余额为 0），若据此进行离任审计，似乎领导干部实现了经济与生态的协同发展。然而，将消耗林木的单位价值与新增林木的单位价值进行比较后可以发现，在林木资产规模有所增加的状态下，其单位价值却在下降。这实际上意味着该地区的林木资源质量在降低。可见，由于"先存量后流量"原则的存在，单纯遵循"先实物后价值"原则编制自然资源资产负债表可能导致其信息披露失真，影响其编制目标的实现。因此，本书认为，自然资源资产负债表的编制过程中应当坚持的不是"先实物后价值"的计量原则，而应是"实物和价值并重"的计量原则，只有在自然资源资产负债表中对相关要素的实物和价值同时进行计量，才能通过对两者的比较后较好地判断出资源质量的变化。

2.2.3 计量属性与方法

在会计核算过程中，要素确认和计量是一个贯穿始终的基本条件。以资产负债表为例，若无法对报表要素进行确认，则报表的列报对象和内容则无从谈起。相应地，若无法对报表中的要素进行计量，则报表将失去信息披露和决策管理的功能。由于报表构成要素的选择不仅受制于经济发展、技术进步和社会认知，而且计量方法和估值技术的发展也会限制其选择。因此，本书对自然资源资产负债表的计量方法和属性进行了探讨。

根据自然资产负债表"实物和价值并重"的计量原则，对其计量方法的研究也应从实物计量和价值计量两个维度展开。由于自然资源具有种类多样性和形态复杂性的特点，对自然资源实物维度的计量一般依赖于其生态空间和物质特性，其核算多依赖于物理单位，如吨、公顷或立方米等重量、面积或体积单位。从自然资源的实物计量特点看，实物计量的难点不在于计量属性选择，而在于诸如遥感技术和勘测技术等相关技术的发展程度。与实物计量相比，会计核算是基于价值的计量，因此，如何选取合适的计量属性是一个比较复杂的问题。大量学者认为，会计本身就是一个计量过程，会计的许多基本理论和方法问题实际上都是会计计量的问题（Collis et al.，2010）。

根据 IASB，会计计量属性包括历史成本、现行成本、可实现净值、未来现金流量现值和公允价值五种（Benston et al.，2007；Collis et al.，2010）。在会计核算过程中，不同的计量属性选择往往带来不同的核算结果。然而，IASB 强调，每个财务报告内容均可被多个属性所衡量，因此，在编制财务报告前，应识别和阐明所采用的度量属性。对自然资源的价值计量维度而言，其种类、形态和功能决定了它拥有不同的使用价值、经济价值、期权价值和遗产价值，这些价值的核算不是任何一种会计计量属性能够完全胜任的。为此，在编制自然资源资产负债表时，必须针对其本身的特征选择适当的会计计量属性，并加以解释。

2.3 资产负债表的构成要素

从自然资源资产负债表是否具有会计属性出发，现有研究对其构成要素的讨论仍存在一些重要分歧。这些分歧主要集中于两个方面：一方面是关于资产确认条件的讨论，主要的争论焦点在于产权归属和收益确认；另一方面是关于负债存在性问题的讨论，主要争论的焦点在于负债是否存在及其构成内容。事实上，对自然资源资产负债表是否具有会计属性的认知，不仅会影响其核算范围和构成要素的确认，而且影响报表的勾稽关系、编制格式和功能效应。

2.3.1 资源资产的定义与分类

根据 IASB 对"资产"的定义，一项要素成为资产负债表中的资产，需要具备以下三个特征：由企业过去的交易事项形成、具有明确的产权归属和预期有经济利益流入，这三个特征也成为了会计核算时对"资产"要素的确认条件（Collis et al.，2010）。在 SEEA2018 会计准则下，自然资源被认为是一种资产。但是，对于自然资源来说，这个有会计特性的资产的承认条件，也许并不能完全应用。在我国产权制度背景下，全民和集体一起拥有自然资源的所有权，自然资源资产负债表编制主体虽然为政府部门，但只是代理者，其管理的自然资源既不是由于过去的交易事项形成的，也不具有明确的产权归属，并不满足会计学的"资产"定义。

可见，定义自然资源资产负债表的资产要素时，单纯考虑其会计属性并无可操作性。SNA2008 和 SEEA2012 认为，自然资源资产的确认应遵照"部门所有"和"经济利益流入"两个基础性条件（UN et al.，2014）。这两个基础性条件实际上对会计的"资产"定义进行了拓展和创新，"部门所有"使得资产可以由多个责任主体共同拥有或者由政府代表整个社会拥有，这在很大程度上突破了所有权或使用权归个体所有的局限；"经济利益流入"则要求资源具有稀缺性和价值性，这是从经济属性上对自然资源能否成为资产进行判断，根据这一条件，在不考虑现有技术以外的重大进步的情况下，在进行自然资源资产负债表的核算时，那些无法带来预期经济利益流入的自然资源在核算时不被算入其中。

由上述可知，在对自然资源资产负债表进行编制时，自然资源资产的定义应结合 IASB 和 SNA 的定义进行综合考虑：首先，应从自然资源的角度明确其产权归属，即可以明确界定其为"部门所有"，且产权边界清晰；其次，应符合资源的经济属性，具有稀缺性并能够创造价值；最后，该资源创造的价值能够为其拥有者或实际控制者带来经济利益流入。综合这一定义条件可以发现，自然资源资产不仅具有自然资源的属性,还具有资产的属性,一种自然资源被纳入自然资源资产的核算范围时,应兼具治理属性和会计属性,两者缺一不可。

为使自然资源资产负债表所披露的信息具有可比性和有用性,本书认为,可以根据资产负债表对自然资源资产进行分类。本书以自然资源的分类为基础对自然资源资产进行分类。分类的维度不同,分出的自然资源类别也不同,大多学者在讨论自然资源资产负债表的编制问题时,借鉴了自然资源账户的设计和分类方法(UN et al.,2014)。本书认为,考虑到自然资源资产负债表编制的"实物与价值并重"的计量原则和其与自然资源核算账户的关联性,借鉴 SNA2008 和 SEEA2012 对自然资源账户的分类设计思想并考虑中国当前对自然资源的价值计量技术情况,从实物形态上将自然资源资产账户划分为土地资源、矿产资源、森林资源、水资源和海洋资源等是具有适用性和可行性的(UN et al.,2014)。相应地,考虑到自然资源资产的产权、经济和会计属性,本书也未将上述自然资源种类的全部子类纳入资产账户的核算范围。

2.3.2 资源负债的确认与核算

相对于已有文献对自然资源资产的普遍认可,自然资源负债的存在性是学者们争论的热点之一。许多学者认为,从会计要素来看,资产负债表中的"资产"和"负债"是一对对应存在的概念(Collis et al.,2010),既然自然资源可以进入自然资源资产负债表的资产账户,那么一定存在对应的负债账户。而且,根据会计平衡原理,自然资源资产负债表应满足"资产=负债+所有者权益"的会计恒等式。但也有学者指出,根据 SNA2008 和 SEEA2012 的规定,不应对自然资源进行负债确认。SEEA2012 的账户体系满足"资产来源=资产占用"的平衡关系,并未单独设立自然资源负债账户,而且,从 IASB 对负债的定义来看,自然资源的产权归属未必明确,也不存在会计上的借贷关系,因此,SEEA2012 主张的功能账户设置要比自然资源资产负债表主张的自然资源负债账户设置更具优势。

不可否认的是,SEEA2012 的功能账户设置思路和原理体现了自然资源资产的使用源于其供给的事实,较好地反映了自然资源的消耗情况,但套用 SEEA 账户和核算体系设置的理念和思路对自然资源资产负债表的编制思路和构成要素进行解释和界定,可能有违自然资源资产负债表的编制初衷。前已述及,作为一张由中国政府倡导和推动编制的资产负债表,自然资源资产负债表的编制目的在于摸清"家底"和对领导干部进行离任审计，这两个目标不是单一地考察自然资源资产的消耗情况能够实现的，因为单纯通过"资源来源=资源占用"这一平衡关系，统计和列报的实际上是资源供给和消耗的流量，对于摸清"家底"这一目标的解释力度略显不足，而仅对自然资源资产的供给和消耗情况进行列报，也无法对自然资源的开采和消耗是否合理作出说明，也不利于为离任审计和资源管理等提供有用和可靠的信息。

从自然资源资产负债表产生的背景和目的出发，本书认为，其构成要素应包括自然资源负债，只有在自然资源资产负债表中包含这一要素，才能完善其核算体系，其列报的信息才能反映各级政府等责任主体在自然资源资产开采和利用时应承担的义务与应支付的成本，从而为领导干部离任审计和绩效考核提供评价基础，为政府资源管理提供决策支持。对于自然资源负债的构成，本书借鉴相关学者的定义（Toture，2010；Chen et al.，2014；Schreyer & Obst，2015），认为它是由自然资源资产权益主体过去的不当行为（过度开采与消耗）造成的、预期会导致的自然资源损失和为弥补这一损失付出的成本或补偿。根据这一定义，不仅可以确认自然资源负债的责任主体，而且可以直接从报表中获取相关成本和代价的真实数据。这属于治理属性和会计属性的结合，该账户的存在也为自然资源资产负债表编制目的的实现提供了直接支持。

此外，本书认为，为准确体现责任主体不当行为的破坏性，为政府治理和生态保护提供信息支持，自然资源负债账户的设计和核算也应遵循"实物与价值并重"的计量原则，以期可以相对可靠地反映负债规模、存量和单位成本。当前，一些学者已从企业环境成本的角度对环境破坏的代价和补偿进行了分析，发现责任主体的环境成本由主动补偿和被动承担两部分构成（Toture，2010），这实际上反映了责任主体对环境保护的态度。本书认为，在自然资源负债的账户设立过程中，可对其进行适当的科目细分，分类计量和核算责任主体的绿化费支出、环保设备改造成本等主动补偿类账户的负债总额及资源税、排污费等被动承担类账户的负债总额，通过对两类账户负债总额的比较为责任主体的经济发展理念和生态保护意识评价提供信息参考。

2.3.3 资产负债表净资产核算

根据会计平衡原理，资产负债表应满足"资产=负债+所有者权益"的会计恒等式（Collis et al.，2010）。但在自然资源资产负债表中，自然资源资产与自然资源负债的差额被称为自然资源净资产更为合适。这是因为其权益主体投入了多少"资本"、留存了多少剩余收益都无法直接算出，净资产只能通过自然资源资产与自然资源负债的差额间接算出。正是由于这个原因，无法直接将其视为所有者权益。需要指出的是，"自然资源净资产＝自然资源资产－自然资源负债"这一间接计算方法是建立在自然资源资产为"部门所有"这一基础产权条件之上的，因此，在自然资源资产负债表中，自然资源净资产可以很直接地反映自然资源被国家及其代理者真正拥有和控制的情况。同时，被纳入自然资源资产负债表核算范围的自然资源资产一般处于已经开发和尚未开发两种状态之中。在技术水平和资源价格不发生意外突变的条件下，尚未开发的自然资源资产在期末将自动成为自然资源净资产的组成部分。因此，有必要在"自然资源净资产"科目中设置明细科目对未开发自然资源净资产和已开发自然资源净资产进行核算，这有助于反映自然资源真实的利用和消耗情况。

2.4 资产负债表的开发应用

基于对自然资源资产负债表编制主体与前提、基本假设与编制原则、计量属性和构成要素的分析，本书对这一报表进行了尝试性开发。考虑到自然资源资产负债表与财务报表中资产负债表编制原理和步骤的相近性，本书试图从账户设置、数据汇总、勾稽关系和报表设计等方面对自然资源资产负债表的编制进行尝试。

2.4.1 编制思路与账户设置

借鉴"会计要素—分类账与总分类账—财务报表"的报表编制思路，本书首先进行了账户体系进行设置，以实现从不同资源要素统计到自然资源资产负债表列报的转变。借鉴 SEEA2012 对自然资源账户的分类体系（UN et al.，2014），本书在账户体系设置过程中同样将自然资源的科目划分为土地资源、矿产资源、森林资源、海洋资源、水资源和气候资源等进行了分类。以自然资源资产账户为例，账户中的一级科目应与自然资源分类相对应，包括土地资源资产、矿产资源资产、森林资源资产、海洋资源资产、水资源资产和气候资源资产等。相应地，根据不同类型自然资源的子类划分，在账户中还应设置对应的二级科目，如土地资源账户中应包含耕地、林地等二级科目，以满足分类核算的要求。在科目分类和设置的基础上，可以通过分类账户对不同类型的自然资源资产进行核算，形成明细账，进而通过总分类账户对明细账进行汇总，形成总账，为自然资源资产汇总核算表的编制提供基础。对于自然资源负债账户和自然资源净资产账户的设置，因其与自然资源资产账户的设置仅存在细节性差异，本书不再赘述。

2.4.2 汇总原则与表单设计

从"会计要素—分类账与总分类账—财务报表"这一报表编制思路来看，从会计要素确认和计量到财务报表形成是一个分类和汇总的过程（Collis et al.，2010）。由于自然资源资产负债表的编制在很大程度上借鉴了财务报表的编制思路，因此，其数据核算和统计也应当坚持"分类核算、汇总统计"的原则，先通过分类账户进行核算，然后通过总分类账户进行汇总。但需要强调的是，不同于资产负债表单一的价值核算，自然资源资产负债表遵循的是"实物与价值并重"的计量原则，在对自然资源资产、负债和净资产的核算中，不仅应进行价值核算，同时要进行实物核算。根据上述讨论，本书设计了自然资源资产和负债的核算汇总表，见表2-1和表2-2。通过对自然资源资产汇总表和负债汇总表的编制和核算，可以清晰反映一定时点自然资源资产的负债的存量和状态，并能够通过两者的差额得到自然资源净资产的存量，有助于政府部门进行自然资源管理。

表2-1　　　　　　　　自然资源资产汇总表（样表）

日期：　　　　　　　　　　　　　　　　　　　　　　　　　单位：实物量/价值量

项目	期初余额		本期增加		本期减少		期末余额	
	实物量	价值量	实物量	价值量	实物量	价值量	实物量	价值量
土地资源资产								
耕地资源								
……								
土地资源资产合计								
森林资源资产								
林木资源								
……								

续表

项目	期初余额		本期增加		本期减少		期末余额	
	实物量	价值量	实物量	价值量	实物量	价值量	实物量	价值量
森林资源资产合计								
矿产资源资产								
石油资源								
……								
矿产资源资产合计								
水资源资产								
工业用水								
……								
水资源资产合计								

表 2-2　　　　　　　　自然资源负债汇总表（样表）

日期：　　　　　　　　　　　　　　　　　　　　　　　　　　　单位：实物量/价值量

项目	期初余额		本期增加		本期减少		期末余额	
	实物量	价值量	实物量	价值量	实物量	价值量	实物量	价值量
应付环境治理成本								
土地资源								
……								
应付治理成本合计								
应付生态恢复成本								
土地资源								
……								
应付治理成本合计								
应付补偿/补贴成本								
土地资源								
……								
应付补偿/补贴成本合计								
环境保护投入								
环保设备								
……								
环境保护投入合计								
环境管理费用								
绿化费								
……								
环境管理费用合计								

2.4.3 勾稽关系与样表列报

单一的汇总表分析并不能全面反映资源的管理质量，也难以为领导干部离任审计提供具有可靠性和可比性的有效信息，容易产生"管中窥豹"甚至"一叶障目"的缺陷。按照"有借必有贷，借贷必平衡"的会计记账原理和"资产＝负债＋所有者权益"的会计恒等式，根据各账户固有的勾稽关系将自然资源资产和负债汇总表转化为自然资源资产负债表，才能避免这一缺陷。从账户结构来看，自然资源资产负债表的账户与各个汇总表的关系如图2－3所示。

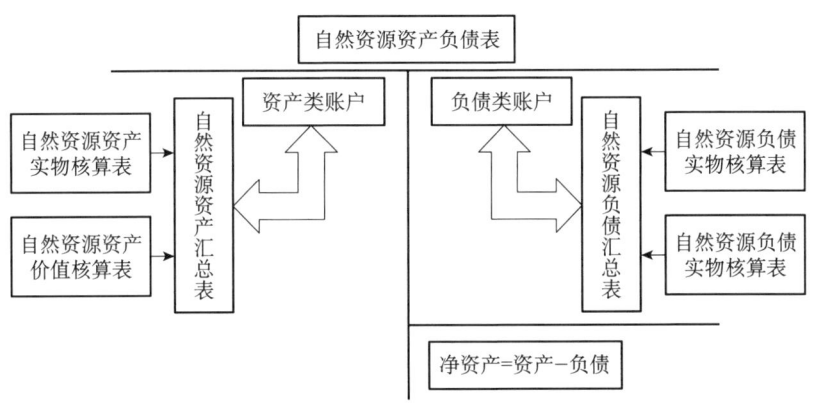

图2－3　基于账户结构的自然资源资产负债表勾稽关系

由图2－3可知，在自然资源资产负债表的账户式结构中，资产类账户记录和列报的是自然资源资产的汇总数据，这些数据来源于对自然资源资产实物和价值的分类核算与汇总。相应地，负债类账户记录和列报的是自然资源负债的汇总数据，这些数据同样来自对自然资源负债实物和价值的分类核算与汇总。最后，净资产账户中的数据来源于资产类账户与负债类账户中的数据差额。

根据图2－3的思想，本书设计了自然资源资产负债表的编制思路，如图2－4所示。自然资源资产负债表的编制的数据要基于自然资源资产和负债进行分类汇总的核算账户，在报表编制过程中，应根据"实物与价值并重"的计量原则对自然资源资产和负债的期初余额、期末余额与变动额（本期增加额与本期减少额的差值）进行核算，从而对其存量和流量情况进行计量和列报。自然资源的净资产是根据平衡原理"资产＝负债＋净资产"求得的。需要注意的是，根据这种账户结构，自然资源资产负债表的左边反映的是自然资源资产的供给情况，而右边则反映了自然资源资产的剩余和相关负债，符合 SEEA2012 账户体系的"资产来源＝资产占用"的平衡原理。根据对自然资源资产负债表勾稽关系和编制思路的分析，本书开发并编制了自然资源资产负债表的样表，详见表 2-3。

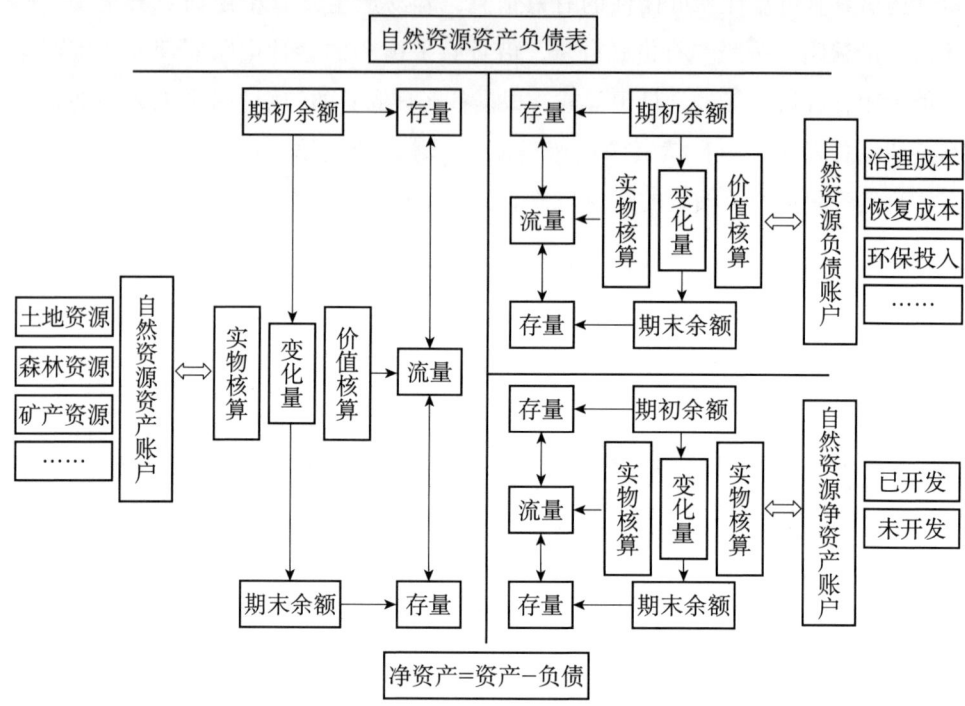

图 2-4 基于账户结构的自然资源资产负债表编制思路

表 2-3 自然资源资产负债表（样表）

日期： 单位：实物量/价值量

项目	期初余额		期末余额		项目	期初余额		期末余额	
	实物量	价值量	实物量	价值量		实物量	价值量	实物量	价值量
自然资源资产					自然资源负债				
土地资源资产					应付环境治理成本				
耕地资源					土地资源				
……					……				
土地资源资产合计					应付生态恢复成本				
森林资源资产					土地资源				
林木资源					……				
……					环境保护投入				
森林资源资产合计					环保设备				

续表

项目	期初余额		期末余额		项目	期初余额		期末余额	
	实物量	价值量	实物量	价值量		实物量	价值量	实物量	价值量
矿产资源资产					……				
石油资源					应付补偿/补贴成本				
……					土地资源				
矿产资源资产合计					……				
水资源资产					环境管理费用				
工业用水					绿化费				
……					……				
水资源资产合计					自然资源负债合计				
其他自然资源资产合计					自然资源净资产				
自然资源资产合计					自然资源负债及净资产合计				

2.5 自然资源资产负债表的探索

在政府治理的视角下探讨自然资源资产负债表的内涵与编制问题，其目的不仅是回答"为什么"和"是什么"的问题，而且应讨论"如何编"和"如何用"的问题，结合对自然资源资产负债表编制前提、编制原则、构成要素和编制思路的理论探讨。本书选取了部分实例对其进行了尝试性编制和开发。

先选取了矿产资源和耕地资源进行了单一自然资源种类的资产负债表编制，然后尝试性地进行了特定区域的自然资源资产负债表编制。考虑到资源禀赋特征、计量复杂性和数据可得性，本书选取了湖北省黄石市和云南省景东县作为数据采集的样本，从单一类型自然资源和多种类自然资源的不同视角，分别编制了黄石市金属资源资产负债表（见表2-4）和景东县自然资源资产负债表（见表2-5）。

表2-4　　　　　　2015年度黄石市金属资源资产负债表

日期：2015年12月31日　　　　　　　　　　　　　　　　　　　　单位：千吨/亿元

项目	期初余额		期末余额		项目	期初余额	期末余额
	实物量	价值量	实物量	价值量		价值量	价值量
自然资源资产					自然资源负债		

续表

项目	期初余额		期末余额		项目	期初余额	期末余额
	实物量	价值量	实物量	价值量		价值量	价值量
矿产资源					应付环境治理成本	3.448	3.535
铁矿	146 180.660	850.770	130 963.980	762.210	应付生态恢复成本	3.045	3.510
铜矿	1 489.280	500.760	1 388.930	467.020	应付补偿/补贴成本	0.358	0.253
钨矿	15.570	11.100	15.140	10.670	自然资源负债合计	6.581	7.298
金矿	0.083	220.450	0.076	202.190	自然资源净资产	1 576.499	1 434.792
自然资源资产合计		1 583.080		1 442.090	自然资源负债及净资产合计	1 583.080	1 442.090

注：由于未能获得黄石市自然资源负债的相关实物量统计数据，其金属资源资产负债表的负债和净资产栏中未包含这些信息，本书对统计数据进行了末位的四舍五入。

表2-5 2011～2015年度景东县自然资源资产负债表

日期：2015年12月31日   单位：公顷（万立方米）/万元

项目	期初余额		期末余额		项目	本期增加
	实物量	价值量	实物量	价值量		价值量
自然资源资产					自然资源负债	
土地资源					应付环境治理成本	219 078.00
耕地	32 397	2 061 393.78	33 333	2 536 517.56	应付生态恢复成本	244 794.00
草地	1 501 500	582 120.00	1 550 742.60	903 798.00	应付补偿/补贴成本	
土地资源合计	1 533 897	2 643 513.78	1 584 075.60	3440315.56	自然资源负债合计	463 872.00
水资源	315 300	1 087 785.00	315 300	1 087 785.00		
水资源合计	315 300	1 087 785.00	315 300	1 087 785.00	自然资源净资产	4 064 228.56
自然资源资产合计		3 731 298.78		4 528 100.56	自然资源负债及净资产合计	4 528 100.56

注：考虑到无法获得自然资源负债的期末值，本书尝试性地使用了本期增加量来求取自然资源净资产。

第 3 章　森林资源资产负债表的编制

探索森林资源资产负债表的编制方法，是建立和完善自然资源资产负债表编制体系的重要组成部分。作为自然资源资产负债表的一个构成要素，对森林资源资产负债表的研究不仅对自然资源资产负债表的理论内涵进行了充实，还对自然资源资产负债表的内容进行了进一步的完善，因此，它既有着深远的理论价值，又有着重大的实践意义，它的研究成果也是一个国家软实力提高的重要标志。本章基于联合国颁布的环境资源核算体系，以实现编制完整的森林资源资产负债表和实现其资产核算为目标，在会计主体假设、可持续发展假设、会计分期假设等假设的基础上，对森林资源资产负债表的相关概念进行界定，进一步明确了其会计要素与核算原则，并尝试编制完整的森林资源资产负债表。

3.1　森林资源资产

3.1.1　森林资源资产账户

根据《中华人民共和国森林法》（以下简称《森林法》）的规定，森林资源包括林木、林地、森林生态效益以及依托森林、林木、林地生存的野生动物、植物和微生物。而在实际核算中，因野生动植物、微生物等数据获取困难且本身界定很难符合资产条件等，在本书中，森林资源资产仅考虑林木、林地以及森林的生态效益，并对森林生态效益制定评价指标，以进行由三大资产组成的森林资源资产的核算，在下面进行的经济效益评估时，核算内容均应包括资产实物量、价值量以及资产变动情况。

3.1.1.1 林木资产

林木是指生长在森林中的树木。林木具有价值增值性、形态复杂性、功能多样性、分布地域性、不可移动性以及管理艰巨性。根据《森林法》第四条规定，我国森林分为：防护林（水源涵养林、水土保持林、防风固沙林、农田、牧场防护林、护岸林、护路林）；用材林；经济林；薪炭林；特种用途林（国防林、实验林、母树林、环境保护林、风景林、名胜古迹和革命纪念地的林木、自然保护区的森林）。因此，本书将林木资产划分为六类，即材林、防护林、经济林、薪炭林、特种林和混合林。

材林是以生产木材供人使用为主要目的的森林，是我国最主要的森林类型。需要注意的是，材林不仅包括当期允许砍伐以获取木材的森林，也包括当期不允许、未进行砍伐但计划用作材林的森林，是我国林业中种类多、数量大、分布广、材质好、用途多的主要林种之一。一般将其划分为两类：一类是普通用材林，另一类是特殊用材林。前者是培育大径通用材种为主的森林，后者是指为特定树种而特别栽培的森林，如坑木林、胶合板林等。正是因为其量多、普遍，并且在建筑业、制造业等很多方面发挥了重要作用，对经济和生态效益都有重要贡献，所以首先要纳入核算体系。

防护林是一种天然或人工的森林，其主要目的是保持水土、防风固沙、涵养水源、调节气候、减少污染。在中国森林分类中，它是一种主要的森林类型，可用于防御自然灾害，维护基础设施，保护生产，改善环境，维护生态平衡，所以须纳入森林资源资产的核算体系当中。也正是因为防护林种类繁多且承担的功能不尽相同，所以在核算时需要按照不同职能划分为以下几种主要防护林成分进行核算。

① 水源涵养林，顾名思义，除了森林一般具有的生态、经济和社会效益性质外，最关键的功能是涵养保护水源、防止土壤侵蚀等生态系统服务功能。水源涵养林有时候还可以起到调洪削峰、净化水质和调节气候等功能。

② 水土保持林是水土保持林业技术措施的重要组成部分。其主要的功能有二，一是对降雨和地表径流的调控，二是对土壤的固持。森林中的乔灌丛林冠层对自然降水的拦截作用，使降雨到森林中的量发生了变化，从而减弱了降雨量对地表的影响。林地地被植物对森林降雨具有吸收和弱化作用，并能极大地减少地

表径流的带沙能力。同时，乔灌木群落地上部密集，根系发达，可以起到固岸、固坡、防冲、护滩、缓流固沙、减轻滑坡及崩塌等灾害的效果。同时，还能改善农业、畜牧业的微气候条件，提高土壤质量。

③ 农业防护林是防护林体系的主要林种之一，它是将一定宽度、结构、走向、间距的林带种植在农田田块的周围，利用林带对气流、温度、水分、土壤等环境因素的影响，来对农田小气候进行改善，对各种农业自然灾害起到缓解和预防作用，并且可以优化农作物的生长环境，从而让农业生产保持稳产、高产的状态，并且可以为人们生活提供多种效益的一种人工体。

④ 护岸林是指栽种在渠道、河流两岸以防止波浪对岸边的冲蚀，阻拦泥沙淤塞塘库和河道，延长塘库江河寿命，提高其使用价值的林木。通常是由乔木、灌木、高草、草皮和水生植物相结合所组成的林带，如岸坡地带土壤条件较好，也可在背风向阳的岸坡中上部栽植果树，拓宽使用价值。

⑤ 护路林是在道路两旁和与城市相邻的地方，为了防止飞沙、积雪和侧向风等对道路和车辆产生不利影响而栽植的一种林带，主要用于保护铁路、公路，防止风沙、水、雪的侵蚀。包括规划范围内的森林、林木和灌木林，范围规划的标准为铁路、国道、高速公路、省道两旁自然地形第一层山脊以内的陡坡地段或平地 100 米以内、市县两旁各 50 米范围的。其不仅有实用价值还具有观赏性，能够发挥生态效益和社会效益。

经济林的别称为"特用林"，主要作用有生产果品、食用油料、工业原料、中草药等。根据其利用部位不同，大致可以分为利用种子作为榨油原料的木本油料林，如油茶、油桐、油橄榄、核桃等；利用树叶的茶树林、桑树林等；利用树皮的纤维林和木栓林，如构树、栓皮栎等；利用枝条作编织原料的采条林，如荆条、怪柳等；利用树液的橡胶林、漆树林等。经济林价值很高，一般实行集约化经营，是综合开发山区、合理利用自然资源的重要措施。经济林具有非常重要的意义，必须把握时代脉搏，推进经济林产业持续健康发展，在追求经济效益的同时收获宝贵的生态效益和社会效益。

薪炭林是指以提供柴炭燃料为主要经营项目的乔木林和灌木林。营造薪炭林的成分主要是易成活、萌生力强、速生、产量高、燃值大、能固氮、可一材多用的硬材阔叶树种，其作用主要有提供燃料、用料、饲料、肥料等。薪炭林大都实行矮林，每隔一年至三年进行轮作换茬。大力发展薪炭林是解决农村能源的重要途径，对促进经济发展及地区协调发展有重大意义。

特种林则指有特定用途的林木，一般用于国防、实验等目的。基于此，本书选取特种林中最具代表性的竹林、实验林、风景林、自然保护林四种林，作为森林资源资产负债表中的科目进行核算。

竹林分布广泛，种类繁多，如楠竹、凤尾竹、佛肚竹、寒竹、湘妃竹等。其中，一些种类可以加工成优良的建筑材料和工艺品，竹笋是美食可制成笋干或罐头，具有较高的实用性，能带来经济效益。并且极具观赏性，深受我国人民喜爱，有"梅、兰、竹、菊"四君子之一，"梅、松、竹"岁寒三友之一等美称。

实验林建造的目的是提供教学或科学实验场所，一般包括三林、林木和灌木林。种类分为科研试验林、教学实习林、科普教育林、定位观测林等，是必不可少的一类特种林。

风景林是一种由树丛、树群组合的树林类型，广泛分布在风景名胜区、森林公园、度假区中，由乔、灌木及草本植物配置而成，具备较高观赏价值。能够满足人类生态需求，可以美化环境，由此也带来了很多的生态效益和社会效益，是人们日常生活中重要组成部分之一。

自然保护林常见于自然保护区，属于自然生长的林木，起到天然维护和优化生态环境、保持生态平衡、保护生物多样性等满足人类社会的生态、社会需求和可持续发展等重要作用。

混合林是由两种或两种以上的树种组成的森林或林木。混合林相对于单木林来说，具有更大的优势。混合林建设是人工林建设中的一个关键环节，如果只有一种树种，那么就会在某种程度上限制对资源的利用，不能最大限度地发挥出土地的生态效益和经济效益，而且在病虫害暴发时，同一种树种之间的传染力比较强，所以会造成更大的损失。

混合林是指采用不同树种搭配造林的方法，采用专门的营建技术，选择混合林的树种，对林区进行营建规划，对混合林进行护理，从而使生态资源得到最大限度的利用，提高人工林区生态系统的稳定性和可持续性。我国目前已经培育了范围广、数量大的一部分人工混合林，加之由于气候和地形产生的天然混合林，它们已经构成了森林资源非常重要的一部分，所以有必要将其纳入森林资源资产核算体系当中。

3.1.1.2 林地资产

林地是指主要用于林业生产的地区或天然林区。《森林法》里对林地进行了定义，林地是指郁闭度在0.2以上的乔木林地以及竹林地、疏林地、未成林造林地、灌木林地、采伐迹地、火烧迹地、苗圃地和县级以上人民政府规划的宜林地。根据我国《森林资源规划设计调查主要技术规定》（2003年），本书中林地资产被划分为林地、疏林地、宜林地和其他四类。

有林地一般连续面积超过$0.067hm^2$，郁闭度超过0.20，并且林地上附着有森林植被，乔木林、红树林和竹林被包括其中。疏林地指树木郁闭度大于或等于0.10、小于0.20的林地。宜林地是一类林业用地，是由国家和省、自治区、直辖市和直辖市人民政府确定的林地，具体包含了三种类型：宜林荒山荒地、宜林沙荒地、其他适宜林地。本书确定森林资源的主要资产账户为林地资源和林木资源，依据我国《森林资源规划设计调查主要技术规定》（2003年），完善明细账户。

3.1.1.3 森林生态效益资产

森林生态效益是指森林所具有的具有涵养水源、固土保肥、固碳制氧、保护生物多样性、净化环境、防风固沙等生态效益，这些生态效益又会进一步维护与改善人类赖以生存的生态环境。因此，尽管生态效益的资产、负债等相关核算指标难以量化，还是应该建立评价指标并将其计入森林资源资产负债表，并且按照重要程度以及可评估性在表中将其分为涵养水源、保育土壤、净化大气、森林防护、生物多样性保护以及休闲六类。

3.1.2 森林资源资产核算

3.1.2.1 林木资源资产核算

根据中国国家林业局2015年颁布的《森林资源资产评估技术规范》，林木资源的定义为林地上尚未被伐倒的树木，包括活立木和枯立木。而2020年联合国粮食及农业组织发布的《全球森林资源评估》中给出了关于林地的定义，即面积超过0.5公顷、树高超过5米、林冠盖度超过10%，或者该地的那些树木将来能够达到这些阈值的土地。要核算林木资源，应从其实物和价值两个角度进行核算，并根据各项目实际情况对林木资源进行分类。本书将林木资源划分为六大类，即用材林、防护林、经济林、薪炭林、特种林、混合林。不同种类的林木资源有不同的核算内容。

在进行林木资产实物核查时，核查的对象主要包括树种、品种、林龄、单位面积株数、生长状况、蓄积量等。而林木资产的价值核查的主要内容包括经济价值、科学研究价值或其他特殊用途价值。在森林资源资产负债表的编制研究中，对于实物型林木资源，本书主要关注其存量增加（自然增长和重新分类）和存量减少（搬运、砍伐、砍伐残留物、自然损失、灾害损失和重新分类）两大类，根据：

$$期末木材资源存量 = 期初木材资源存量 + 存量增加 - 存量减少 \quad (3-1)$$

得出实物型林木资源的具体数据。对于价值型林木资源，本书除了关心其存量增加和存量减少外，还涉及林木资源重估价。林木资产的核查方法主要包括市场法、成本法和收益法三类，具体采用的方法根据林木种类而定。

（1）市场法。主要包括木材市场价倒算法（剩余价值法）和市场成交价比较法。

木材市场价倒算法是一种评估林木资产的方法，其计算过程是用收入减去成本和利润。其中，收入为被评估的林木皆伐后得到的木材的市场销售收入，成本为木材生产经营所消耗的成本（含税、费等），利润为应得的利润。余下的部分就是林木资产评估价值。其计算公式为：

$$E = W - C - F \quad (3-2)$$

其中，E 表示得出的评估值；W 表示通过销售木材得到的市场总收入；C 表示木材生产经营需要的成本；F 表示木材生产经营利润。

市场交易价格比较法是以同类或相似林产资产在当前市场交易价格为依据，对被评估的林产资产进行评估。在为一个评估对象选择参考交易案例时，要选取三个以上的参考交易案例，并从代表性、适宜性、准确性等方面对评估资料、评估参数指标对参考交易案例进行客观的分析。在对每一个估算结果展开分析和判断后，确定评估结果的方法可以选用简单算术平均法、加权算术平均法、中位数法、众数法、综合分析法等方法，并在评估书中描述清楚所采用的方法和原因。其中，简单算术平均法的计算公式为：

$$E = \frac{X}{N} \sum_{i=1}^{N} K_i K_{bi} G_i \qquad (3-3)$$

其中，E 表示评估值，X 表示拟评估森林资产的实物量；K_i 表示第 i 个参照交易案例林分质量综合调整系数；K_{bi} 表示的是第 i 个参照交易案例物价调整系数；G_i 表示的是第 i 个参照交易市场交易价格；N 表示的是参照交易案例个数。

（2）成本法。重置成本法是指根据当时的工作价格和产量，对一片与该森林资源资产相似的区域进行重建所需要的费用，即该区域的评估价值。其计算公式为：

$$E = \sum_{i=1}^{n} C_i \times (1 + p)^{n-i+1} \qquad (3-4)$$

其中，E 表示评估值；C_i 表示第 i 年的生产成本（以现时工价及生产水平为标准）；n 表示林分年龄；p 表示投资收益率

（3）收益法。主要包括收益现值法、年金资本化法、周期收益资本化法。

收益现值法是一种将被评估的森林资源资产在将来运营期间每一年的预期净收益按照特定的折现率（投资收益率）换算成现值，再将每一年的预期净收益相加，从而得到被评估的森林资源资产的价值的一种评估方法。其计算公式为：

$$E = \sum_{i=n}^{y} \frac{A_i}{(1+p)^{i-n+1}} \qquad (3-5)$$

其中，E 表示评估值；A_i 表示第 i 年的年净收益；n 表示林分年龄；p 表示投资收益率。

年金资本化法是以森林资源资产的年度固定收益为基础，通过适当的投资回报率计算出其价值，其应用是建立在森林资源可持续开发的基础上。其计算公式为：

$$E = \frac{A}{P} \qquad (3-6)$$

其中，E 表示评估值；A 表示年平均纯收益；P 表示投资收益率。

周期收益资本化法是将资本投资的收益定义为被评估林木资产稳定的周期收益，接着选择合适的投资收益率计算出资产的价值，这种方法的应用是建立在森林资源可持续利用的基础上的。

林木择伐后的每个砍伐期中间都要隔一个经营周期，刚择伐后的林木资产评估的收益现值法计算公式为：

$$E = \frac{A_u}{(1+p)^u - 1} - \frac{V}{P} \qquad (3-7)$$

其中，E 表示评估值；A_u 表示参照林第 u 年砍伐时的净收益；V 表示年森林管护成本；P 表示投资收益率；u 表示择伐周期。

3.1.2.2 林地资源核算

根据联合国粮食及农业组织 2010 年颁布的《2010 年全球森林资源评估》，森林用地定义为面积超过 0.5 公顷、树高超过 5 米、林冠盖度超过 10%，或者该地的那些树木将来能够达到这些阈值的土地。但是在进行森林林地资产核算时不应该只对所谓的"森林用地"进行核算，本书需要核算的是森林的全部土地资产，既包括满足森林用地定义的森林用地，也包括疏林地、宜林地、造林地等。并且对这些林地的核算不应该局限于传统资产核算中的价值核算，由于自然资源的特殊性，许多资源不进行市场买卖，其真实的货币价值需要构建估计模型后进行估计，从而只能得到资产的估计值。同时，在对自然资源进行核算以衡量地区生态情况和环保工作成效时，有时也不需要估计林地的货币价值，只运用其实物数量就可以进行衡量。所以对于林地资产的核算应该采用价值核算与实物核算并行的核算方法，确保核算的准确性与直观性。

要对林地资产进行核算，首先需要进行实物核算。对林地而言，实物核算的内容主要包括以下几点：林地的类型、面积、位置、地理条件、森林类别、林种、地租（如果存在）等，对于较为宏观的森林资源资产负债表的编制，本书往往只需要核查林地的类型、面积、地租（如果存在），而位置、地理条件、林种等则不必核查。

林地类型只需要按照编制的森林资源资产负债表的项目大致确定为森林用地、疏林地、宜林地、其他林地等即可，这一信息往往可以直接从林场管理处或者相关林业单位、网站获取。

林地面积是进行林地资产核算最重要的指标，对于林地面积的核查适用搜集法和调查法。搜集法就是从网络、书年鉴、相关单位等处搜集已有各种林地的面积大小，相比较而言，这种方法实施起来较为简单，但是有的时候容易出现数据缺失或者不全、未被统计等情况，而且搜集来的数据在一定程度上缺乏真实性。调查法就是通过实地考察，运用定位仪、罗盘仪、飞行器等技术设备对林地面积进行科学的测量,具体而言包括运用卫星云图、航拍地图进行调绘和用定位仪以及罗盘进行实测。这种方法的运用是搜集法的基础,数据更具真实性和时效性,但是问题在于调查法往往需要消耗众多的人力、物力,往往需要政府的支持或由政府进行,在多数情况下,个人往往难以通过这种方法得到精确的数据。

相比之下,对林地的价值核算则较为复杂,不是简单地调查或者搜集,而需要建立模型,运用公式进行计算,最终计算的结果也容易出现较大的系统误差。具体而言,林地价值的核算大致有以下几种方法。

(1) 市场价格估计法。估计林地价值的最直接的方法就是运用土地使用权转让的市场价格进行估计,其基本思想就是用具有相同或类似条件的近期交易的土地使用权转让市场价格进行估计。为了减少估计误差,所选择的相似土地的交易需要与待估计的林地有相似的地理位置、用地类型、地形地貌等,交易时间不能距估计时间太远,并且应该同时参考多个交易案例。根据以上理论,构建公式如下:

$$P = AS\sum_{i=1}^{n} \frac{(P_i - C_i) \times I_i}{S_i} \quad (3-8)$$

其中,P 代表待估林地价值;A 表示其他因素的调整系数(如地形、区位等,默认情况下为1);S 表示林地面积;P_i 表示交易案例的成交金额;C_i 表示交易相关的程序费用;I_i 表示交易案例较现在的价格指数;S_i 表示交易案例的土地面积。

这种方法的优点在于操作简单、计算容易,而且当考虑很多案例时,结果较为准确。但其缺点在于可操作性不强,林地与普通土地存在很多不同,无论是在内在价值还是在转让价格上都存在一些差异,不能用普通土地使用权转让的交易额来衡量,必须选择同为林业用地的转让案例来进行估计,而同为林业用地、没有其他土地覆盖(即森林)、地理位置、地形地貌、交易时间都相似或相近的交易案例实际并不多。在可操作的前提下,应该首先采用此种方法,如果找不到相似案例或案例过少且差异较大则应该考虑采用其他方法。

(2) 使用成本法。私营林场在运营之前必须向国家缴纳土地让出金才可以获得土地的使用权,可以直接用这一金额进行林地资产的价值核算。这种方法操作起来非常简单,数据容易获得而且不需要主观估计。但是缺点也非常明显,首先,我国大部分森林都位于国有林场中,不归个人所有,所以无须缴纳土地让出金;其次,没有考虑折现的问题;最后,土地让出金往往并不能等同该土地的真实使用价格,有时维持林地也需要付出成本,更何况对于林业用地,林业的回报率较低,为扶持林业发展所规定的土地让出金往往较低,部分成本由国家承担。这种方法适用于核算市场价格估计法无法实行的私有林地的价值。

(3) 比例回报法。对于无须缴纳土地出让金的国有林场如果不采用市场价格估计法,无法用使用成本法进行估计,则可以采用比例回报法,公式如下:

$$P = \frac{ac}{1-a} \frac{1}{R} \tag{3-9}$$

其中,P 表示待估林地价值;a 表示私有林场中平均每年的土地出让金占其每年总成本比例的平均数;c 表示国有林场目前每年的总支出;R 表示森林的年平均投资收益率。森林的年平均收益率需要另行计算,基本方法是运用计量经济学估计林场每年投资的变动与收益变动的系数,该系数就是森林的年平均投资收益率。

类似地,私有林场也可以采用比例回报法估计,公式如下:

$$P = \frac{c}{R} \tag{3-10}$$

相比于市场价格估计法,这种方法的优势在于可以采用大数据减少误差,但是本身计算复杂、系统误差,使用了太多的替代变量,所以不建议使用。

(4) 林地费用法。林地费用法类似于使用成本法的升级版本,将获得林地所需要的费用和维持林地的费用考虑在一起,同时将土地让出金折现,公式如下:

$$P = C(1+R)^2 + \sum_{i=1}^{n} C_i (1+R)^{n-i+1} \tag{3-11}$$

其中,P 表示待估林地价值;C 表示土地让出金;R 表示森林的年平均投资收益率;C_i 表示林地购置第 i 年的林地维护费;n 表示林地使用年限。这种方法比使用成本法更为准确,但是同时核算起来也较为复杂,因为运用林地费用法估算价值必须要明确每一年林地的维护费用,这一费用是比较难确定的,所以在大多数情况下,本书偏向于使用市场价格估计法。

3.1.2.3 森林生态效益资源算

森林生态效益资产的评估与林地和林木资产不同,森林生态效益形成的资产是一种无形的资产,无法进行直接估算,必须针对各类生态功能选定对应的评价指标，采用评价核算，用评价指标来替代具体的生态效益继而进行核算。即使这样，对评价指标进行实物核算的困难仍然很大，价值核算更是难上加难，最终只能得到相当粗略的估计值。虽然如此，随着我国经济发展阶段由高速增长转向高质量发展，生态效益也越来越受到重视，制定可行的生态效益资产评估机制对社会经济可持续发展具有深远重大的意义。

关于森林生态效益资产的分类，国内外还未形成统一的标准，但综合前人的研究可以大致划分为调节功能（涵养水源、积累营养物质）、环保功能（净化大气、固土防护、生物多样性保护）、社会文化功能（森林休憩）三大类、六种功能，每种功能都需要用不同的指标来进行衡量，本书参考《森林生态系统服务功能评估规范》提出的计算方法如下。

（1）涵养水源。涵养水源的评价指标主要有调节水量、净化水质两种。

在实物层面，调节水量和净化水质的内容是相同的，都是用森林涵蓄的水资源总量来表示的，具体计算公式如下：

$$Q = S \times (P - E - R) \tag{3-12}$$

其中，Q 表示森林涵蓄的水资源的流量；S 表示森林面积；P 表示一定时间段内单位面积的降水量；E 表示单位面积的蒸发量；R 表示单位面积的地表径流量。

需要注意的是该公式只能用于流量计算，关于森林水资源的存量计算可以将近几年的数据收集起来，采用趋势外推的方法估计未核算之前各年的流量值，再进行叠加。或者采用实验的方法，计算实验林中水资源流量与存量比例的平均值，再将其应用到其他森林的水资源核算中去。

在价值层面，调节水量和净化水质就成了需要分开计算的指标。但是本书都是采用成本法来对其进行估算：

$$V_S = C_S S \times (P - E - R) \tag{3-13}$$

$$V_P = C_P S \times (P - E - R) \tag{3-14}$$

其中，V_S 表示森林调节水量的生态价值；V_P 表示森林净化水质的生态价值；C_S 表示人工存蓄一单位水资源所需的成本；C_P 表示人工净化一单位水资源所需的成本。该公式同样表示流量计算，存量计算的方法与实物核算类似。

（2）积累营养物质。森林积累营养物质的评级指标包括固氮、固磷、固钾。

实物核算公式如下：

$$Q = S\Delta(N + P + K) \tag{3-15}$$

其中，Q 表示森林积累营养物质总质量；S 表示森林面积；Δ 表示单位时间内森林净生产力，可通过实验测得；N、P、K 分别表示森林氮、磷、钾元素质量百分比，均需通过实验测得平均值。同时，这一公式也是流量的估算公式，关于森林氮、磷、钾元素的存量计算应该采用趋势外推或计算比例的方法。

价值核算公式如下：

$$V = S\Delta\left(N\frac{C_N}{R_N} + P\frac{C_P}{R_P} + K\frac{C_K}{R_K}\right) \qquad (3-16)$$

其中，Q 表示森林积累营养物质总价值；S 表示森林面积；Δ 表示单位时间内森林净生产力；N、P、K 分别表示森林氮磷钾元素质量百分比；C_N、C_P、C_K 分别表示氮、磷、钾化肥的平均价格；R_N、R_P、R_K 分别表示三种化肥的氮、磷、钾平均含量。

（3）净化大气。净化大气的衡量指标主要包括释放氧气、吸收污染物、降低噪声、吸附粉尘。需要注意的是，这一生态功能的存量是无法进行核算的，只能核算流量。

① 释放氧气。实物核算方面，释放氧气的计算公式为 $Q = SO$，其中，Q 表示氧气释放量；S 表示森林面积；O 表示单位面积森林的氧气释放量。价值核算公式为 $V = CSO$，其中，V 表示氧气释放价值；C 表示单位氧气价格；S 表示森林面积；O 表示单位面积森林的氧气释放量。

② 吸收污染物。这里所指的污染物大致包括二氧化碳、有毒气体（氮氧化物为主）和重金属，实物核算公式如下：

$$Q_i = g_i A, \quad i = c, n, m \qquad (3-17)$$

其中，Q 表示吸收总量；c、n、m 分别表示二氧化碳、有毒气体和重金属；g 表示单位面积的森林吸收的平均值；A 表示森林面积。价值核算公式为：

$$V = A(C_c g_c + C_n g_n + C_m g_m) \qquad (3-18)$$

其中，V 表示森林吸收污染物的总价值；C 表示单位治理价格。

③ 降低噪声。森林降低噪声的实物核算可以直接通过森林生态站测定的降低噪声量决定，价值核算公式为 $V = CS$，其中，V 表示森林降低噪声总价值量；C 表示每降低单位分贝需要支付的成本；S 表示森林面积。

④ 吸附粉尘。森林吸附粉尘的实物核算公式为 $Q = DS$，其中，Q 表示森林吸附粉尘的总量；D 表示一段时间内单位面积森林所吸附的粉尘平均质量，可以

通过实验和查阅资料得到；S 表示森林面积。价值核算公式为 V = CDS，其中，V 表示森林吸附粉尘的总价值；C 表示处理单位质量粉尘的平均费用；D 表示一段时间内单位面积森林所吸附的粉尘平均质量；S 表示森林面积。

（4）固土防护。固土防护的衡量指标主要包括固定土壤和防风固沙。在实物层面，固定土壤的计算公式为：

$$V = CS(g_2 - g_1) \tag{3-19}$$

其中，Q 表示保育土壤总质量；S 表示林地面积；g_2 表示林地一定时间内单位面积平均土壤损耗质量；g_1 表示非林地一定时间内单位面积平均土壤损耗质量。这一公式也是流量计算公式，需要采用趋势外推或者比例法进一步估计存量。其中，Q 表示森林吸附粉尘的总量；D 表示一段时间内单位面积森林所吸附的粉尘平均质量，可以通过实验和查阅资料得到；S 表示森林面积。

防风固沙的生态效益则无法很好地用实物量来衡量，如果有必要，可以根据防护林的类型，用其所保护的农作物或设施的受损减少量来衡量流量，存量则无法衡量。在价值层面，固定土壤的计算公式为：

$$Q = S(g_2 - g_1) \tag{3-20}$$

其中，Q 表示保育土壤总价值；S 表示林地面积；g_2 表示林地一定时间内单位面积平均土壤损耗质量；g_1 表示非林地一定时间内单位面积平均土壤损耗质量。

防风固沙的价值计算可以折算为被保护的农作物或者设施损失的减少量，公式如下：

$$V = (C_2 - C_1)S \tag{3-21}$$

其中，V 表示防风固沙的生态价值；C_2 表示没有防护林的该种用地的作物或设施的一段时间内的损失；C_1 表示有防护林的该种用地的作物或设施的一段时间内的损失；S 表示林地面积，同样是流量计算公式。

（5）生物多样性保护。森林的生物多样性保护功能主要通过物种保育这一指标来衡量。具体而言，主要采用香农—维纳指数来进行实物核算，它是用于调查植物群落局域生境内多样性的指数，香农—维纳指数的公式是：

$$Q = -\sum_{i=1}^{n} P_i \times \ln P_i \tag{3-22}$$

其中，Q 表示群落的多样性指数；P_i 表示样品中属于第 i 种的个体的比例；如样品总个体数为 N，第 i 种个体数为 ni，则 $P_i = n_i/N$。

对于生物多样性的价值评估采用机会成本法，具体公式如下：

$$V = S_b A \qquad (3-23)$$

其中，V 表示森林物种保育价值；S_b 表示单位面积物种灭绝的机会成本；A 表示森林面积。根据《森林生态系统服务功能评估规范》，指数与机会成本之间的对应关系如表 3-1 所示。

表 3-1 对应关系表

指数范围	S_b（元/每公顷）	指数范围	S_b（元/每公顷）
Q<1	3 000	4≤Q<5	30 000
1≤Q<2	5 000	5≤Q<6	40 000
2≤Q<3	10 000	Q≥6	50 000
3≤Q<4	20 000		

（6）森林休憩。森林休憩的实物数量是无法进行核算的，即使可以，核算出来也是没有意义的。其价值量也就是生态系统为人类提供休闲娱乐场所而产生的价值，这部分森林只占森林总量的极少部分，同时，这部分资产也只占森林总资产的很少一部分。编制森林资源资产负债表的目的也不在于衡量森林能够给人类带来多大的休闲价值，所以这部分不体现在森林资源资产负债表的编制上。

在上述方法的基础上，对于涉及难以直接通过量化定价或者观察经济人市场行为而计算出其价值的资源环境物品，即当直接市场评价法和揭示偏好法都难以核算森林生态效益时，一般采用意愿调查法，即以效用价值论为基础，利用消费者边际效用递减规律，通过人为构建假想市场，模拟市场条件，通过设计相应的调查问卷，在一定的引导技术的支持下获取人们对于森林生态产品的 WTA 或者 WTP，从而拟合出消费者对于森林生态产品的支付意愿曲线或者受偿意愿曲线，由此以消费者的总效用来衡量森林的生态效益，以此进行森林生态效益的资产核算。如表 3-2 所示，其中，C 表示实物量，V 表示价值量。

表 3-2（a） 　　　　　　　　　　森林资源资产表

总分类账户	二级分类账户	三级分类账户	初期量		增加量		减少量								末期量	
			C	V	自然生长		砍伐		砍伐残留		自然损失		灾害		C	V
					C	V	C	V	C	V	C	V	C	V		
林木资产		材林														
	防护林	水源涵养林														
		水土保持林														
		防风固沙林														
		农场防护林														
		护岸林														
		护路林														
	经济林															
	薪炭林															
	特种林	竹林														
		实验林														
		风景林														
		自然保护林														
	混合林															

表 3-2（b） 　　　　　　　　　　森林资源资产表

	二级分类账户	三级分类账户	C	V	自然因素		人为因素		自然因素		人为因素		C	V
					C	V	C	V	C	V	C	V		
林地资产		有林地													
		疏林地													
		宜林地													
	其他林地	造林地													
		采伐迹地													
		火烧迹地													
		灌木林地													
		苗圃地													
		辅助林地													

表 3-2（c） 　　　　　　　　　　森林资源资产表

	二级分类账户	评价指标	评价指标	评价指标	评价指标
森林生态效益资产	涵养水源				
	保育土壤				
	净化大气				
	森林防护				
	生物多样性保护				
	休闲				

3.2 森林资源负债

对于森林资源的负债，本书认可其存在。虽然在《环境资源核算体系》中并未提出明确的自然资源负债的概念，并且将一些环境保护和恢复活动单独列出了功能账户而不是视为资产负债进行核算，原因是对于自然资源而言，其债权人、债务人以及负债年限都是不能确定的。但是自然资源资产负债表的编制不应拘泥于严格的会计原则，因为人类对自然过度的索取势必会带来负效用的影响，而这些影响在当期内是无法体现的。

3.2.1 林木负债

林木负债账户下设多个二级分类账户：超额砍伐、盗伐、灾害、应造而未造林。超额砍伐，即超过最高年采伐限额的部分；盗伐指的是行为人在没有取得林木采伐许可证的情况下，违反森林法和其他有关保护森林的法律，擅自砍伐国家、集体或他人所有的林地和林木，或者是由自己承包管理的国家或集体的林地和林木；灾害是指能够对森林和林木造成破坏性影响的事物总称；应造而未造林指经过合理砍伐以后，没有再重新植树成林或者应按政策退耕还林、植树造林但并未执行的部分。

在森林资源资产负债表中，负债指的是超出自然的恢复限度的自然资源。但由于各森林资源的状态不同，其恢复限度也有差异，无法得出统一标准，因此，可以按照政府或研究所得的标准，如超额砍伐等来作为统一标准。

3.2.2 林地负债

林地负债产生的要原是林地损失，即由于土地占用，如国家工程占用而造成的林地减少。由于林地本质上是土地，而土地具有不可毁灭性，因而不会随意消失，但可以有不同用途，所以林地损失实质上是土地从一种用途转向另一种用途，进而导致森林资源资产减少。

3.2.3 森林生态效益负债

本书把森林生态效益的负债分为两类：经营性森林和非经营性森林。在经营性的森林中，生态效益的负债是因为过去的森林生态建设经营活动而形成的一种实际的债务，如果要履行这一债务，那么就有可能会造成企业的经济利益外流，具体包括了在森林生态建设活动中所取得的借款、形成的应付工资、应付福利费、应付款项以及因为森林生态降级而产生的复原义务。根据负债的期限及性质，将负债分为短期负债与长期负债两种，以一年为单位，以经营周期为单位。就非经营性森林而言，生态效益负债指的是由于过去的森林生态保护活动以及由于对森林生态资源进行的资金活动所产生的一种实际的义务，这种义务的履行要求单位主体牺牲自己的资产或提供劳务。

森林资源负债表如表 3-3 所示。

表 3-3　　　　　　　　　　森林资源负债表

	二级分类账户	实物	价值	实物	价值	实物	价值	实物	价值
林木负债	超额砍伐								
	盗伐								
	灾害								
	应造而未造林								
林地负债	林地损失								
森林生态效益负债		评价指标		评价指标		评价指标		评价指标	

第 4 章　土地资源资产负债表的编制

我国有 960 万平方公里的土地，蕴含的土地资源也比较丰富，但在这些土地资源中，大部分是山地，其他土地资源，如耕地、平地和林地所占的比例很小。在开发利用的过程中，山地资源极易产生利用效率低下和生态环境破坏等一系列问题，所以有必要对土地资源核算"家底"，从而提升管理效率和手段。

4.1　土地资源资产

4.1.1　土地资源资产账户

对土地资源性资产的认识分为狭义和广义两个层面。从狭义上讲，土地资源是对人类有利的自然物质与能源。而从广义上讲，则是所有有利于人类生存的自然形成的土地能源、材料与环境，以及形成过程中的所有必要的条件。它还可以被解释成在一定条件下对人类的生存有好处的物质和物质的数量。

从更广泛的意义上说，它不仅包括物质的土地资源，而且还包括服务的价值与环境。根据《中共中央关于全面深化改革若干重大问题的决定》，进一步对土地的范畴进行了扩大化，在原有的基础上包含了人居环境和生态系统。所以，土地资源资产既包含生态属性，也包含社会属性和经济属性。而且土地资源资产作为一种稀缺的产权，拥有者可以在一定时期内获得其带来的经济收益。

本书认为，土地资源资产的价值不能仅从经济效益的角度来衡量，同时还应考虑到土地资源的社会（文化）价值和生态价值，这样，土地资源资产的范围就会扩展到具有经济价值、社会（文化）价值、生态价值的土地资源。其中，产权或所有权明晰体现在土地资源的会计核算中，就是要明确土地的产权性质。

4.1.2 土地资源资产核算

4.1.2.1 土地资源的实物量核算

闫慧敏等（2017）指出自然资源资产负债表应该遵循两个原则：第一原则为实物量和价值量并重；第二原则为先实物后价值。其中的一个关键目的是对损坏自然资源或破坏环境的行为进行追责，责任的大小由被破坏的资源或环境的价值大小来决定。因此，价值核算是非常关键和必要的，且价值核算与数量核算相结合才能更好地分析资源价值变化的原因。具体如表4-1所示。

表4-1　各类资源的资产、权益与负债数量核算方法

	所有者权益 （1）	负债 （2）	资产 （3）=（1）+（2）
耕地	耕地生态承载力	耕地生态赤字	耕地生态足迹
林地	林地生态承载力	林地生态赤字	林地生态足迹
草地	草地生态承载力	草地生态赤字	草地生态足迹
湿地	直接用面积表示	0	直接用面积表示

因为生态足迹法的测算范围不涉及湿地，所以只能用其他方法来核算湿地的实物数量。在以公顷为单位的基础上，以湿地的真实面积为基础进行了计算，并假定湿地的负债为0。以生态足迹数据网所提供的2017年我国水域的生态足迹数据为基础，该数据占我国总生态足迹的大约2%，并且，由于对水域的生态足迹进行核算所需要的数据并不完整，因此，本书在衡量国家总体的土地资源价值量时，通常忽略了水域的计算，但没有决定性的影响。对表4-1需要作以下说明：

（1）在计量耕地、林地和草地的资产和负债时，均以全球公顷为单位，并以土地的面积和质量为计算单位。但是，在对国家的有关数据进行统计的时候，只需要按照这三种土地的全国平均质量来进行计算就可以了，所以，在现实中，这三种土地资源的资产、权益和负债都可以用土地面积的单位（公顷）来表示。然而，当本书在计算土地资源的资产、负债、权益等相关的数量概念时，并不一定要把所有的地类都加起来，因此，每一种地类的面积，也就不一定要用全球公顷来计算。在此基础上，对生态承载力、生态足迹、生态赤字等指标进行了转换。这样的话，就更容易理解了。把这三个量转化成以公顷为单位的计算方法，就是用这三个量的原值除以它们的等效因数。

（2）由于在生态足迹法中没有考虑到湿地，所以三项指数的计算不能作为参考。此外，与其他三种土地类型相比，人类对湿地的直接利用非常有限。因此，本书假设湿地没有被过度使用，湿地的负债为0。综上所述，本书采用了以湿地面积作为计量指标的方法。

（3）当某种土地类型发生生态赤字时，则说明该土地有被过度使用的情况，该欠债项为正值；相反，负债是负的。负的负债项不能更好地说明经济意义。但是，从符合会计学原则的角度出发，本书就不作进一步的处理。

（4）所有者权益为该表中最为关键的一项，它表示的是资源的真正数量和潜在价值，也可能用在一些与经济总产出等年度指标对比分析之中。

4.1.2.2 土地资源的价值量核算

编制自然资源资产负债表的核心内容之一为价值核算。通常情况下，利用边际机会成本法、马克思资本论方法、条件价值法和地租定价法等方式来对土地资源进行定价，本书着重介绍其中的地租定价法。

地租理论是由安德森在1777年第一次提出，该理论认为地租的水平是由土地生产物的价格决定的。在《国富论》的相关注释中，麦克库洛赫提出，普遍水平的收益应当落实到产出量最少的各单元的土地上，其余土地生产所获超过标准的利益部分可定义为地租。当一笔资金投入到一块土地上时，一块土地的收益与另一块土地的收益比就是地租。通常可分为两种类型，一是由于生产力的不同而产生的"级差地租"，二是由于土地所有权而产生的"绝对地租"。

本书提出了一种基于数量核算的土地资源价值核算方法。因为耕地、林地、草地和湿地都是国有或集体所有。因此，它们没有一个自由的土地交易市场。尽管有土地交易，例如，承包商之间的土地转让或政府出售土地使用权。然而，这些交易仅涵盖其经济价值，而不涵盖其非经济价值。因此，这些土地在市场上的平均交易价格不能用来计算土地资源的价值。李扬等（2012a，2012b）在计算耕地的价值时，将农产品年价值乘以固定租金作为土地的年租金，并使用NPV方法计算土地价值。

科斯坦萨等（Costanza et al.，1997）估计了全球生态系统服务的年服务流价值，涵盖了多种生物群落，其中包括耕地、林地、草地、湿地、水域等，对这些生物群落17个方面不同类型的价值进行了估计，例如固碳、水土保持、食物供给、原料供给、废物处理、文化等。谢高地等（2008）参考科斯坦萨等（1997）的方法，对耕地、林地、草地、湿地等9个细分土地类型的生态系统服务价值与中国农业用地粮食生产价值之间的关系进行了修正。九类生态系统服务分为四大类：供给服务、调节服务、支持服务和文化服务。由于只需要计算各种类型土地资源的价值，不需要对9个不同的细分土地资源生态系统服务类型分别进行详细的统计。因此，本书对谢高原等（2008）的表格进行了简单的数据处理，形成了表4-2。

表4-2　　　　四种土地的四大类生态系统服务当量系数

	供给服务	调节服务	支持服务	文化服务	总计
耕地	1	2.77	1.79	0.12	5.68
林地	2.38	10.22	6.14	1.5	20.23
草地	0.57	4.24	2.96	0.63	8.4
湿地	0.43	31.51	4.09	3.37	39.4

结合上述核算的思路，本书需首先计算单位面积耕地的年供给服务价值，然后据此估算各土地类型的年生态系统服务价值。利用生态足迹法，本书对李扬等（2012a，2012b）的方法稍作改进，使用公式（4-1）计算每公顷耕地的年供给服务价值为：

$$D^t = \frac{V^t_{product}}{s \cdot EF^t/BC^t} \times a \quad (4-1)$$

其中，S表示耕地面积；EF^t表示t年的耕地生态足迹；BC^t表示t年的耕地生态承载力；D^t表示t年每公顷耕地的年供给服务价值量（元/年/公顷）；$V^t_{product}$表示耕地在t年提供的全部农产品产值；α表示耕地租金率，即在产品价值中土地的贡献率，一般情况下会设定为40%。α的意义在于剔除人类贡献部分，单独核算土地固有的能力价值。若$EF^t/BC^t > 1$，表明耕地被过度利用（过度利用的程度就是EF^t/BC^t），产值$V^t_{product}$是不可持续的；若$EF^t/BC^t < 1$，表明耕地利用不足（利用率就是EF^t/BC^t），产值$V^t_{product}$可以继续提高。因此，使用EF^t/BC^t对总产值进行调整可以更精准地对耕地的价值进行计算。

4.2　土地资源负债

4.2.1　土地资源负债账户

由于自然资源与环境的稀缺性和耗竭性，即资源与环境具有一定的承载能力，这表现为资源环境系统在一定时期内承受人类各种社会经济活动的能力，前提是该区域资源结构符合持续发展的需要（耿建新等，2019）。而土地资源不可避免地会因天灾或人祸造成价值损耗，当超过资源环境的承载能力时，各主体会花费一定人力物力对其进行弥补修缮工作，进行土地资源负债核算可以反映当前土地资源的价值损耗，从而让人们对土地资源生态环境破坏重视起来，体现在未来期间为了恢复资源与环境所付出的代价（刘红梅等，2020），对已造成损耗的自然资源及时进行修补并合理开展保护工作（陶建格等，2020）。

针对自然资源负债应该包含的内容，SEEA2012采用"资产来源＝资产使用"的平衡式，实质上并未核算自然资源负债。不少学者将经济活动耗减、自然灾害耗减和其他类型耗减的自然资源资产减少直接定义为负债（李金华，2016；崔亚飞和祁丹，2017），但无论是正常活动还是非正常活动，这都忽略了自然资源基本功能，所以韩德军（2015）指出，土地资源负债指的是对于资源的各种治理措施所产生的成本，其中包括了修复生态环境所产生的成本以及改良农田土壤所产生的成本，涉及面很广。张友棠等（2014）也考虑到自然资源在资源、环境、生态的多种功能，认为自然资源负债应包含应付污染治理成本、应付超载补偿成本、应付生态恢复成本和应付生态维护成本等多项内容，但翔实细致的分类往往具有许多困难，体现为具体分类、标准认定和计量操作的困难，使得实际可行性降低，盛明泉和姚智毅（2017）等的研究也具有这种特点。

借鉴学者对自然资源负债的定义以及自然资源资产负债表报表体系和账户设置规则思路，本书将土地资源负债确定为三部分，第一部分为人类不合理开发，第二部分为利用活动导致的土地资源过耗，第三部分为土地资源消耗过程中产生的环境污染和生态破坏。其中，资源过耗是指在考察期内经济活动对土地资源的使用量大于资源再生量的耗减部分，环境污染是从经济系统进入环境的各类残余物导致土壤环境质量下降的现象，生态破坏是指核算主体在土地资源开发利用过程中致使森林、湿地、草原等生态系统服务的多种贡献能力减弱或者丧失等情形。

土地资源负债账户的实物量计量较为简单，同资产实物量类似，大多数学者主张参考SEEA和SNA中的核算方法，利用各类资源部门的统计和监测数据，依据SEEA2012国际统计标准中的"期初存量＋增加量－减少量＝期末存量"恒等关系核算土地资源的期初存量、期末存量及其存量变化，考虑了自然资源核算、自然环境核算以及环境污染支出三个方面，核算土地资源实物量。陈艳利等（2015）指出，自然资源负债的表现形式主要是以应受治理的实际面积为基础，还可以以预计需要投入到土地治理中的成本为基础，在具体的测量方法上，以清点法和农业生态区域法为主，这些数据主要来自国土资源局和其他相关部门。

对自然资源负债价值量核算的已有研究较少，有研究采用治理成本法对环境损害进行价值核算，未对自然资源过耗负债进行计量（闫慧敏等，2017；杨艳昭等，2017）。姚霖和余振国（2016）认为，土地资源负债的用途主要是将各种活动导致的土地资源损失以更清晰的方式反映出来。所以，根据其性质类别的差异，可以将其划分为水土保持负债及灾害治理负债等。一般情况下，利用实际成本支出法来对其进行度量。同时，以我国《土地法》为理论基础创立了红线管理实物量登记表，该表涉及了耕地保护红线等较为科学的指标。

4.2.2 土地资源负债核算

在上面的内容中，自然资源负债被划分为三个方面，分别是资源过耗、环境污染和生态破坏。其中，解决资源过耗的第一步是提高土地资源的利用效率，针对未充分利用、未开发利用及受到各种天灾人祸、人为过度利用等原因，导致其造成损耗的土地资源展开修复工作，具体的修复工作包括了土地的治理、复垦及开发。所以，在对土地的治理、复垦及开发过程中，既要考虑到数量的变化，也要考虑到质量的变化。价值量核算中土地资源过耗采用市场价格法中针对土地资源的基准地价修正法（杨艳昭等，2017）。土地污染的应首先确定污染源，确定废气、废水、固体废物等环境污染物的排放量；其次根据国家制定的相应标准确定环境介质自然吸收、同化的能力，并根据"排放量＝产生量－综合利用量－处置量－贮存量"确定实际污染程度，在此基础上采用虚拟治理成本法计算土壤污染治理费用。生态系统破坏核算主要考虑生态系统涵养水源、保育土壤、分解污染物等功能，可通过生态系统服务价值下降来体现，采用当量因子法核算。

4.2.2.1 资源过耗

土地资源过耗是指土地资源的过度使用超过了经济和社会发展的需要，同时也超过了土地本身的可再生性，从而造成的资产减值损失。对土地资源过耗负债价值化核算是一个全新的领域，迄今为止几乎没有可以参考的成熟经验。本书用于计算土地资源过耗负债价值量的具体方法为基于已有的研究方法算出土地资源过耗负债实物量。对于土地资源来说，建设用地面积的增加会导致耕地、林地、草地等自然用地面积的减少（刘纪远等，2014），因此，土地资源过耗负债价值量是用土地资源过耗负债实物量乘以建设用地基准地价得到的。以阈值表为基准，结合核算目标区在核算期内的新增人口数量与 GDP 增长数量，可分别推算出理论上核算期内承载这部分人口增量和 GDP 增量需新增的建设用地面积，两者中的最大值即为理论上可以新增的建设用地数量，该数量既能满足人口增长的需求又能满足 GDP 增长的需求（薛智超等，2018）。

土地资源过耗的计算方法如下。

当 $\Delta C - \dfrac{\Delta P}{R_{p,i}} > 0$ 且 $\Delta C - \dfrac{\Delta G}{R_{g,i}} > 0$ 时：

$$C_{d,i} = \min\left\{\Delta C - \dfrac{\Delta P}{R_{p,i}},\ \Delta C - \dfrac{\Delta G}{R_{g,i}}\right\},\ i = （Ⅰ，Ⅱ，Ⅲ，Ⅳ）$$

$$L_{d,i} = C_{d,i} \times M_{d,i}$$

当 $\Delta C - \dfrac{\Delta P}{R_{p,i}} > 0$ 或 $\Delta C - \dfrac{\Delta G}{R_{g,i}} > 0$ 时：

$C_{d,i} = 0$，即不产生负债，$L_{d,i} = 0$

其中，i 表示核算期内城市所处发展阶段；ΔC、ΔP、ΔG 分别表示核算期内建设用地、人口以及 GDP 增量；$R_{p,i}$、$R_{g,i}$ 分别表示城市新增建设用地的人口及 GDP 承载效率标准阈值，具体数值见表 4-3；$C_{d,i}$ 表示城市产生负债的建设用地面积；$L_{d,i}$ 表示土地资源过耗负债价值量；$M_{d,i}$ 表示城市建设用地基准地价。

表 4-3　利用虚拟治理成本法确定生态环境损害数额的原则

阈值指标	Ⅰ区 低速低值区	Ⅱ区 高速低值区	Ⅲ区 高速高值区	Ⅳ区 低速高值区
新增建设用地承载 GDP 效率/（亿元/km²）	16.7	23.9	24.0	35.6
新增建设用地承载人口效率/（人/km²）	11 717.4	10 510.2	9 087.1	13 710.9

4.2.2.2　环境损害

土地环境损害核算就是要对一段时间内人类活动对土壤环境质量产生不利影响的实物量和价值量进行核算，从而将区域因为环境质量变化和环境污染而造成的经济损失表现出来。土地污染治理成本是指对土地资源进行定期污染治理所需要投入的资金，借鉴已有研究，采用虚拟治理成本法，利用政府对土地治理投入的成本对土地资源的土地污染治理成本进行核算。虚拟治理成本则是指按照当前的治理技术和水平，对排放污染物进行治理所需的支出。它与以污染物排放到环境中为基础来计算受损环境恢复费用的环境恢复成本法有着根本的区别。它主要体现的是源头治理理念，并辅以 2～11 倍的敏感系数。

在现有的统计系统基础上对研究区的土壤环境物质总量进行核算，主要是对工业固体废物的产生量以及综合利用、处置、贮存和排放量进行核算。排放到土壤环境中的污染物虚拟治理成本用下式表示：

$$E_d = \sum_{i=1}^{3}(Q_i \times C_i) \quad (4-2)$$

其中，E_d 为土壤污染物虚拟治理成本（万元），若有三种以上的土壤污染物进入土壤环境，则以虚拟治理费用金额从高到低的顺序，将前三种污染物相加；Q_i 为 i 类土壤污染物的排放量（t）；C_i 为 i 类土壤污染物的单位治理成本（万元/t），根据各省典型行业废水（危险废物、危险化学品）参考治理费用。

运用虚拟治理费用方法，需要对土壤环境功能区的划分、环境质量的高低、土壤污染物的毒害程度和土壤环境的破坏程度进行评价。土壤环境损害价值按下式进行计算：

$$E_V = E_d \times S \times R + E_0 \quad (4-3)$$

$$R = R_1 \times R_2 \times R_3 \quad (4-4)$$

其中，E_V 代表的是土壤环境受到损害的价值（万元）；E_d 代表的是治理土壤污染物需要的虚拟成本，万元；S 代表的是环境功能区敏感系数，根据评估区域的土壤环境敏感程度选取 S 值；R 代表的是环境损害调节系数；E_0 代表的是其他必要合理费用（万元）；R_1 代表的是土壤污染影响最远距离调节系数；R_2 代表的是主要土壤污染物的毒性类别调节系数；R_3 代表的是因环境污染疏散、转移人员调节系数。具体如表 4-4、表 4-5 所示。

表 4-4　　　利用虚拟治理成本法确定生态环境损害数额的原则

土壤污染	
Ⅰ类	＞虚拟治理成本的 8 倍
Ⅱ类	虚拟治理成本的 4～8 倍
Ⅲ类	虚拟治理成本的 2～4 倍

注：本表中所指的环境功能区类型以现状功能区为准

表 4-5　　　　　　　　　　环境损害调整系数 R

环境损害调整系数		环境损害程度	取值
R1	危险废物、危险化学品、废水的危害性	危险废物、危险化学品	1.1
		含酚、含汞、含重金属、含氯、含持久性有机污染物等危害性较大的废水	1.1
		一般废水	1
R2	损害持续时间	>1 年	1.2
		2 周≤持续时间≤1 年	1.1
		<2 周	1
R3	地表水环境损害影响	导致水厂停水	1.3
		不影响水体的使用功能	1

4.2.2.3　生态破坏

生态系统服务功能的破坏核算参考相关行业标准，先需要确定每项生态功能价值参数，再根据由全国环境管理标准化技术委员会颁布的《土地生态服务评估原则与要求》（GB/T 31118—2014）中各类生态系统、各项服务的实物量评估汇总数据，采用当量因子法核算生态系统涵养水源、保育土壤、分解污染物等功能服务价值的损耗，具体步骤同资产核算中的生态价值核算方法。土地资源资产负债表如表 4-6 所示。

表 4-6　　　　　　　　　　土地资源资产负债表

项目	期初	期内增加数				期内减少数				期末
		新增	向上重估	重新分类	建设新增	国家征用	灾害损失	向下重估	重新分类	
一、耕地资源资产										
1. 水田										
2. 旱地										
3. 水浇地										
耕地资源资产合计										
二、园地资源资产										
1. 果园										
2. 其他园地										
园地资源资产合计										
三、林地资源资产										
1. 其他林地										
林地资源资产合计										
四、商服用地资源资产										

续表

项目	期初	期内增加数				期内减少数				期末
		新增	向上重估	重新分类	建设新增	国家征用	灾害损失	向下重估	重新分类	
五、工矿仓储用地资源资产										
1. 工业用地										
2. 仓储用地										
工矿仓储用地资源资产合计										
六、公管与公服用地资源资产										
七、交通运输用地资源资产										
1. 公路用地										
交通运输用地资源资产合计										
八、水域及水利设施用地资源资产										
九、其他土地资源资产										
1. 盐碱地										
2. 沙地										
3. 裸岩石砾地										
其他土地资源资产合计										
土地资源资产合计										

第 5 章 矿产资源资产负债表的编制

习近平总书记指出,"健全国家自然资源资产管理体制是健全自然资源资产权制度的一项重大改革,也是建立系统完备的生态文明制度体系的内在要求"。① 矿产资源是自然资源极其关键的组成部分,是发展国民经济的重要基础,加强对矿产资源的保护是关乎国计民生的大事。本章以矿产资源为研究对象,根据会计准则和矿产资源分类,以资产核算账户的形式,对主要矿产资源资产的存量、价值量及增减变化进行分类核算,以期反映矿产资源的存量、质量及变动趋势,揭示经济活动主体对矿产类资源资产的占有、使用、消耗、恢复和提质活动情况,为衡量经济发展的资源消耗、环境损害、生态效益提供基础依据,同时为矿产资源资产负债表的后续研究提供参考。

5.1 矿产资源资产

5.1.1 矿产资源资产账户

5.1.1.1 能源矿产资源资产

能源是一个国家的生命之源。能源矿产主要包括煤炭、石油和天然气。

(1) 煤炭资源资产初始计量。国家及地方各级政府是煤炭资源的权益主体,在确定煤炭资源资产时,应注意下列几个问题:第一,确定煤炭资源的所有权,因为已经投入到生产经营中的煤炭资源并不是国家拥有的,所以不能作为资产进

---

① 选自《习近平著作选读》(第一卷):关于《中共中央关于全面深化改革若干重大问题的决定》的说明。

行会计处理；第二，煤炭资源性资产必须具有可计量性；第三，确实能够产生经济利益和价值。

（2）石油资源资产初始计量。石油是一种在地下自然生成的资源，但是要想成为石油资源资产，就必须通过一种合理的方式，将石油资源的地下未开发储量和目前地面上已经开发出来的、待交易的石油库存进行价值化，而且由于它的使用者是国家政府，所以只有在将它进行价值化之后，政府才能在后续的销售和加工中获得收益。本书可以将其界定为完全控制或拥有的、可以用货币计量的、预期为政府带来经济利益的资源资产。

（3）天然气资源资产初始计量。天然气资源的资产与企业对资产的界定不同，根据SNA2008和SEEA2012，将资产界定为能够带来经济利益的天然气资源，并且可以对其进行价值量的核算。天然气资源的确认条件可归纳为稀缺性、产权明晰性、在现在和将来能带来经济收益，符合这三个特征的天然气资源就可以看作是属于天然气资源资产要素界定的范畴。

5.1.1.2 金属矿产资源资产

金属矿产资源是人类生存的重要保障，也是经济发展的基础（耿建新，2015）。改革开放后，我国经济取得了长足的进步，在世界上的综合实力已跻身于世界前列。但是，在经济高速增长的同时，却忽略了对资源的合理开发，导致了大量的资源浪费以及对生态环境的破坏。我国在迈向高质量发展的过程中逐步意识到矿产资源的价值不能被忽略，编制金属矿产资源资产负债表是提高金属矿产资源利用率的基础（韩鹏，2023）。

因为金属矿物资源是一种不可再生的资源，它以固体的形态存在，并且有一定的数量和规模，所以它是一种可以看到和触摸到的财产（焦志倩，2018）。被埋在地下的金属矿物资源在没有开发之前是不会带来经济效益的，只有经过开采，并被有关技术定义衡量为可以使用的、能给人类带来经济效益，才会被认为是一种金属矿产资源。

本书主要从两个方面对其进行了分析。在政府会计准则中，矿产资源资产的初始计量是通过历史成本法实现的。对于直接获得的矿产资源，其勘探和开发过程中发生的有关支出应予以资本化，作为与矿产资源有关的成本；对在开发中偶然发现的或开发期在三年以上，有关成本无法调整的，但在市场上有良好竞争的情况下，可以采用市场价值法确定；在其他情况下，可以使用贴现的未来现金流量方法。

5.1.1.3 非金属矿产资源资产

我国拥有广袤的国土和丰富的非金属矿物资源，是世界上仅有的几个非金属矿物品种比较齐全的国家。非金属矿产的年产量占全国矿床总产量的70%以上，产品种类繁多。随着我国社会经济的持续发展，我国的工业化水平也一日比一日进步，城镇化区域在持续扩大，非金属矿物是社会经济发展的中流砥柱，对它的需求也在不断增加。因此，非金属矿物资源的开发与利用对我国经济的发展具有十分重要的意义。因此，对于非金属矿产资源进行有效准确的核算评估可以有效地摸清非金属矿产资源的现状，有助于最大限度地挖掘我国矿产资源禀赋。

在对非金属矿产资源进行价值计量时，先要对其资源性价值与资产性价值进行界定。因为非金属矿物在自然资源中属于一种隐形的资源，所以它与其他容易获得的资源不同，它是要在开采之前进行寻找和探明。非金属矿产资源的存在价值包括勘探非金属矿产资源以及在采矿和开发过程中使用的技术、材料和劳动力等生产要素。这部分的价值也应加到矿产资源储量的价值上，这样才能构成一个完整的非金属矿产资产的价值。这说明了非金属矿物资源的资产实质上是一种二元股权结构，这种资源是自然产生的，它的储量价值是指它的资源价值；非金属矿物的资产价值指的是，除了资源价值之外，对勘探发现的矿物的投资以及对其进行开采和开发（向书坚，2015）。

5.1.1.4 水气矿产资源资产

水气矿产是指以气体或液体为载体形式的矿产资源，并经开发可被人们利用的矿产。中国已探明有6种水气矿产，即地下水、矿泉水、二氧化碳气、硫化氢气、氦气和氡气。本章研究的水气矿产资源资产是指能在一定的技术手段开采利用下，被政府拥有或控制的，预期具有经济效益、社会效益或者生态效益且能可靠计量的水气矿产资源。

5.1.2 矿产资源资产核算

5.1.2.1 能源矿产资源资产核算

（1）煤炭资源资产核算。

① 煤炭资源资产实物量。煤炭资源实物量的测量相对于煤炭价值的测量而

言是一项比较容易的工作。在煤炭资源资产负债表中，实物量计量主要指的是对煤炭资源的基础储量及存量进行核算。在这当中，煤炭资源增减变化的原因主要有本期会有新查出的煤炭资源储量和新开采消耗的煤炭资源等。针对煤炭资源基础储量及存量的具体核算等式为：

$$期末煤炭资源储量 = 期初煤炭资源基础储量 + 当期新增煤炭资源储量 \tag{5-1}$$

$$期末煤炭资源存货 = 期初煤炭资源存量 + 当期煤炭资源开采量 + 外购煤炭资源量 - 当期煤炭资源使用量／出售量 \tag{5-2}$$

② 煤炭资源资产价值量。目前，我国尚无一种统一的衡量煤炭资源价值的方法，许多学者都在探讨其计算方法，通常有阴影价格法、收益现值法、支付意愿法、丰度基准价格法、直接市场价格法等。本书认为，不能只从微观的角度来衡量煤炭资源的价值，而要从宏观的角度来衡量其价值。而直接市场法可以快速、简便地计算出自然资源的价值量，它具有成熟的市场价格机制，适合于对自然资源进行价值评估，其公式可以表示为：

$$某煤种经济可采储量价值 = 单位某煤种价格 \times 销售利润率 \times 资源自身价值占销售利润的比例 \times 某煤种经济可采储量 \tag{5-3}$$

$$单位某煤种价格 = 单位某煤种经济价格 + 单位煤炭资源生态价格 \tag{5-4}$$

全部品类煤炭储量价值之和为煤炭资源总储量价值。

(2) 石油资源资产核算。

① 石油资源资产实物量。储量是决定矿产资源经济价值的关键因素，其计量与确定是对一国（地区、矿区）资源状况进行科学评价的关键。在制订地区社会经济发展规划、土地开发与保护规划、地区规划、矿区选址与扩大等时，有关资源储量的最新资料往往是一个重要的参考依据。中国作为一个发展中国家，最重要的任务就是要在充分、合理、高效地使用自然资源的情况下实现可持续发展以及社会与经济的和谐发展。本书将保有储量分为石油资源储量和石油资源存货，具体核算方式分别如下：

期末石油资源储量 = 期初石油储量 − 当期石油开采量 + 新发现的石油储量

(5 − 5)

期末石油存货 = 期初石油存货 − 当期减少的石油存货 + 当期新增的石油存货

(5 − 6)

② 石油资源资产价值量。石油资源资产的实物量是用保有储量与资源库存的总和来表达的,它的价值是用净现值法来衡量的,它被用来衡量石油储量价格。净现值是在验证和确定实际拥有的石油资源资产总额的基础上,以合理范围内的回报率作为贴现率,对开发石油资源的未来净现金收益进行折现后得出的。获取石油资源开发的未来净现金的收益如式(5 − 7)所示:

$$NPV = \sum (C_I - C_O)_t \times (1 + i)^{-t} (t = 1, 2, \cdots, n) \quad (5-7)$$

其中,NPV 表示净现值;C_I 表示现金流入量;C_O 表示现金流出量;$(C_I - C_O)_t$ 表示第 t 年的净现金流量;i 表示折现率;t 表示计算期年限。

石油资源在其整个经济寿命周期中都处于持续的经济活动中,因此,每年的石油年产量总是与石油销售时的市场价格一起被记录在市场上,这使得公共部门有可能确定公共当局石油资产的增加,而这些资产的增加可以作为石油库存在市场上销售的结果进行财务计量。在随后的相关资产处理过程中,石油公司的现金流动的一个体现就是处理净剩余价值的收益。在此基础上,可用钱来衡量的政府主体用于石油发展的资产被计入现金外流的数额。其计算方法如下所示:

现金流入量 = 石油年开采量 × 石油商品率 × 石油市场单价 (5 − 8)

现金流出量 = 勘探费用 + 石油特别收益金 + 开发投资 + 操作成本

(5 − 9)

(3) 天然气资源资产核算。

① 天然气资源资产实物量。在我国,天然气资源是由国家拥有的一种基本权利,即占有、使用、收益和处置权。然而,在经过国家相关管理机关部门的审核批准后,相关部门可以部分地转让一部分权能,如占有权、使用权或技术处理权等,被出让方可以是地质勘探的企业,也可以是开采天然气资源的企业和个人,在此被称作矿业权人。以交换对价为基础,矿业权人所得到的是开采加工后的天然气资源产品所产生的收益,该收益属于补偿性的产权权益。从以上分析可以看出,由于"所有权"环节以国家为会计主体,以油气资源储量资产为主要

会计客体,因此,按照我国固态矿产资源储量划分标准,可以将油气资源"储量资产"与"潜在矿产"纳入到自然资源资产负债表中。

② 天然气资源资产价值量。

目前对天然气资源价值量表的探讨如表 5-1 所示。

表 5-1　　　　　　　　　　　　天然气资源价值量表

核算期间	储量资产	资源型固定资产
期初余额		
本期变化量		
期末余额		

5.1.2.2　金属矿产资源资产核算

金属矿产资源是一种很常见的资源。本书通过对现有文献的考察,认为当前对金属矿产资源资产的会计处理主要有三种方法:净现值法、贴现现金流量法、市场价值法。从非再生资源的特性来看,我国目前主要采用的是市场价值法,这种方法以开采和开发为基础,旨在开发出有价值的资源。因此,所有费用和支出都要应用于可勘探的矿产资源中,并在其开采时予以资本化。选择市场价值法来计算金属矿产资源资产的价值,其核算方法如下:

$$V = Q_t \times P_t \times K - C \tag{5-10}$$

其中,V 代表已探明的金属矿产储量的价值;Q_t 代表金属矿产资源存量;P_t 代表市场价格;K 代表置信因子,C 代表各种类型矿产资源的研究和开发的总成本。

5.1.2.3　非金属矿产资源资产核算

大多数非金属矿产资源都有较为健全的市场交易制度,其市场价格较为透明,易于查询,交易频繁。所以,在对非金属矿产品的估价时,应使用市场价值法进行会计处理。就非金属矿产资源的资产价值量而言,本书结合经济、地质和数学三种方法,对非金属矿产资源资产价值的各种因素进行定量分析。非金属矿物资源的价值可以用它的总储备乘以它的市价,即 $V_{资源} = Q \times P$。然而,资产价值是以资源价值为基础的,不仅包括在勘探过程中投入的价值,还包括了在开采开发矿产资源过程中投入的价值,因此,需要根据资源价值进行进一步的定量分析。

根据陈方圆（2023）的研究，对非金属矿物资源的价值进行量化分析可以得出：非金属矿产资源可开采储量 Q；非金属矿产资源储量置信因子 K；非金属矿产资源开采难度经济价值系数 D；非金属矿产产品市场价格 P 的五个参数；品位调整系数 S。通过将实物量、相应参数和市场单价相乘，非金属矿产的价值最终由下式得出：

$$V = Q \times K \times D \times P \times S \tag{5-11}$$

本书提出了一种新的非金属矿产资源储量置信因子 K。它的取值范围通常为 0.5~1，具体取值应根据矿床的地质工作程度、预测的内蕴经济资源量、推断的内蕴经济资源量、附近探明的资源储量关系、矿床的勘探类型和矿种类型等因素确定。

相比之下，开采非金属矿产资源的难度经济系数 D 应综合考虑自然环境、基础设施建设条件和非金属矿产资源禀赋条件，如非金属资源的矿体深度、地理位置、地形地貌、交通电力基础设施等，它通常在 0~1。

非金属矿产产品的市场价格 P 是确定其价值的一个重要指标，我国现在实行的是中国特色的市场经济体制，是以市场为主导的资源配置过程。非金属矿产资源是一种以政府为主导，以市场和政府为主导的资源配置模式。衡量非金属矿产资产的价值、非金属矿产品市场的经济规律和非金属矿产开发的市场性，所有这些都决定了矿业权的价值将继续增加。作为矿业权的商品，非金属矿产产品的价格由其需求、用途、类型和投资成本等因素综合确定。非金属矿产资源资产是一种特殊的资产，从稳定市场的观点出发，必须考虑到一些因素，如非金属矿产行业的潜在风险、市场上普遍存在的紧张或宽松环境、对非金属矿场的需求数量等。在计算价格时，非金属矿产资产的价值可以通过排除通货膨胀和上述三个不稳定因素后得出的固定价格来衡量（张友棠，2014），以便本书对所获得的数据进行进一步的处理。

非金属矿产资源的品位调整系数 S 指的是非金属化工产品品级之间的衡量比例，这里的非金属化工产品是非金属矿产资源质量和加工后得到的，该系数的决定因素有非金属矿产非金属矿区的地质品位、产品品质等。品位调节因子的数值体现了我国非金属矿产资源的开发利用水平、资源利用率和市场价格等方面的差别。该系数的转换关系式为：S = 矿址的平均品位 + 矿床的产出品位。

5.1.2.4 水气矿产资源资产核算

水气矿产资源资产负债表期初数来源于上一期水气矿产资源资产负债表期末数。期初、期末水气矿产资源负债根据水气矿产负债实物和水负债价值计量方法填列。水气矿产资源净资产根据"水气矿产资源净资产＝水气矿产资源资产－水气矿产资源负债"计算填列。根据 SEEA（2012）的分析框架，计算存在活跃市场的资源价值量的公式为：价值量＝实物量×单价，根据市场价格就可以具体核算出其价值，而其他资源则适用基于自然资源租金的净现值法，其公式如下：

$$V_{ec} = \sum_{t=1}^{N} \frac{R}{(1+r)^t} \quad (5-12)$$

其中，V_{ec} 为资源的经济价值；N 为自然资源的使用的年限；R 为自然资源租金；r 为折现率；t 为时间。

值得注意的是，水气矿产资源在开发的过程中会对地表环境造成一定程度的破坏，所以要考虑矿产资源的生态价值，具体表现为对大气的污染治理成本和矿山修复的成本。

$$V_{en} = V_w + V_{bio} \quad (5-13)$$

其中，V_{en} 为矿产资源的生态价值；V_w 为矿产开采过程中造成的大气的污染治理成本；V_{bio} 为矿山修复成本。

5.2 矿产资源负债

5.2.1 矿产资源负债账户

5.2.1.1 能源矿产资源负债

（1）煤炭资源负债。煤炭资源负债的定义是在煤炭资源开发的过程中，会计主体对环境所需要承担的义务和责任，它的开发主要会造成两种类型的外部成本：一种是代际外部成本。随着企业对煤炭资源开采量的不断提高，煤炭资源的储备将会变得很小，现在多开采就意味着将来会少开采，目前资源的开采量将会对将来的开采收益产生影响。二是生态环境的外部成本。煤矿开采造成了严重的环境污染与生态破坏，给当地的经济与社会发展带来了巨大的冲击，并对人们的生命与财产造成了巨大的威胁。在此基础上，将我国的煤炭资源负债划分为资源消耗负债、环境污染负债和生态负债三类。

① 资源消耗负债是指由于人们对经济利益的盲目追求而造成的提前损失所应承担的补偿债务。造成煤炭资源消耗欠账的原因有二：其一，采掘技术的限制造成了煤炭资源利用效率低下。煤炭资源利用效率低下，不仅会造成煤炭资源的浪费，而且会加快资源消耗速度，还会影响到可持续发展。其二，缺乏相应的采矿规范。在此基础上，通过对可耗资源价值的分析，提出了在已开发利用的可耗资源的价值与其他资源消耗负债的概念。

② 环境污染负债。首先，煤炭资源开发所带来的环境污染要求政府投入一定的资金来进行治理，这一部分可以看作是煤矿开发所带来的一种经济利益外溢；其次，当前的资源环境会计理论与方法能够准确地衡量这一领域的经济效益。

③ 生态系统负债。生态破坏是指污染造成的生态损失，也包括大规模建设、开采当地地表造成的各种破坏，如占用耕地和林地造成的农业和林业破坏、土地下沉以及政府和企业支付的经济补偿等。

（2）石油资源负债。我国石油资源分布较广，在资源开采过程中，由于地质构造、开采和生产工艺不同，使得人们不能对污染物进行统一的测量。而且由于石油属于不可再生资源，开采过后，矿区在短期内无法恢复。随着开采的进行，开采过程中产生的废水、废气、含油污泥也对人类活动产生间接影响，例如，废水排放对农业用水的不利影响，导致产量下降，以及大气污染对人类呼吸道疾病的影响等。因此，政府有必要采取一些有效的方法来计算这种负债。因此，将目前的负债界定为石油资源负债，因为以往的石油资源开发活动造成了环境损失、土地及地下水资源的损失和固体废物造成的环境及人的损失。

（3）天然气资源负债。常规天然气资源和非常规天然气资源在开采过程中对环境污染所需支付的费用即为天然气资源负债。天然气资源的所有权属于国家，在经过政府的审批之后，方可对天然气资源开采和使用。因此，由于政府审批不当，导致了天然气资源的损失和耗损，在负债核算的时候，则将环境损耗的支出作为核算的内容。此外，在某种程度上，环境污染性的支出只能体现为某一段时间内对环境损害所产生的成本，其必须与环境污染的治理成本相结合，才能真实地体现出负债的实际成本，所以将环境损失成本与环境污染治理成本的总和纳入负债确认的环境污染所需支付的成本范围之内。

当可持续开发的天然气资源的消耗量低于其产量和更新量时，本书将其称为既有利于经济发展，又有利于其可持续开发的天然气资源。当天然气资源的使用量大于其生产更新的价值时，就会出现资源枯竭的现象，也就是天然气资源的开发利用量超出了政府所制定的可开采标准线（也叫容量），这一标准线要符合国家关于天然气资源的有关规定和基本国情。

5.2.1.2 金属矿产资源负债

矿产资源负债是从资源消耗和环境破坏的概念中抽象出来的，现实中是符合已有契约、按照规定进行了明确的交易，而且有付出相应代价的意愿，这在本质上是一种应当承担的责任和义务。矿产资源负债被视为一种可持续发展的战略。从经济学角度来说，矿产资源负债是将两个单位之间转化为经济效益的一种制约机制（李雪敏，2021）。所谓"生命周期"，就是在一定时期内，开发商所应负的一种"现时义务"，即开发商在开发和使用这些产品时所要负担的、可衡量的、与之有关的资源成本和相应的责任。

矿产资源负债是指在采矿活动中，对环境造成的损害所进行的计量，包括了资源过度消耗、环境污染和生态破坏三个方面，因此，为了保护生态环境，应当由开发主体承担经济成本。负债的确认应根据"谁污染谁治理，谁开发谁保护"的原则，矿产资源过度消耗以及环境和生态破坏的主体可被确认为负债的主体（王俊杰，2022）。

在会计中，负债是一种在过去的交易中产生的债务，它可以用货币来衡量，并在将来得到补偿。金属矿资源负债指的是由于金属矿资源的开采而引起的矿区环境的损害，因此，金属矿资源负债必须承担并赔偿各种损失的治疗费（李金华，2016）。当前，关于负债的总体定义，主要有以下三个方面：

（1）环境修复所需的费用。金属矿资源是国家拥有的一种资源，它的开采必须经过有关部门的批准。所以，在人们开发和利用资源的过程中会对环境生态产生破坏，因此，在科目设置时可以使用"治理环境成本"来进行设置，它主要反映了治理水、大气和固体废弃物污染所需要的成本。

（2）采煤造成的生态环境损害。无论是可再生的资源或非可再生的资源，只要其数量有了下降，就应当将其纳入债务的会计核算范围。由于一些资源的使用量无法计算，在能够进行核算的情况下，把资源量的减少也加入负债之中，使得负债账目在核算时具有一定程度的现实性,但这也导致负债价值量产生一定的偏差。据此,本书提出了在债务账户下设立应付采煤恢复费用账户的观点。

(3) 资源消耗。从某种意义上说,资源量的下降是一种对资源的负债。就资源可持续利用而言,当消耗的数量低于金属矿产的生产和开发时,就会对经济的发展有一定的促进作用,并且可以实现资源的绿色开发的可持续性,从而可以在资产负债表中设置资源消耗的应付负债。

5.2.1.3 非金属矿产资源负债

非金属矿产资源的负债同样体现在开采过程中对环境的损害,比如水土流失、扬尘、污染物排放等。可以将非金属矿产负债分为三类:一是指资源消耗,包括因技术因素而造成的资源损失;二是生态破坏,即对环境造成的各种破坏;三是对社会的影响,这些费用主要包括政府对损失的捐款以及弥补损失的费用。当对非金属矿物进行过度开采进而导致环境被破坏时,当地的水文地理也会遭遇一种长期、反复的破坏,也就会形成一种人文影响自然、自然又影响水文的恶性循环,从而对自然生态、社会发展和经济开发产生持续性的影响,它阻碍了可持续发展,给人类带来了难以估量的损害和代价。具体的影响机制见图5-1。

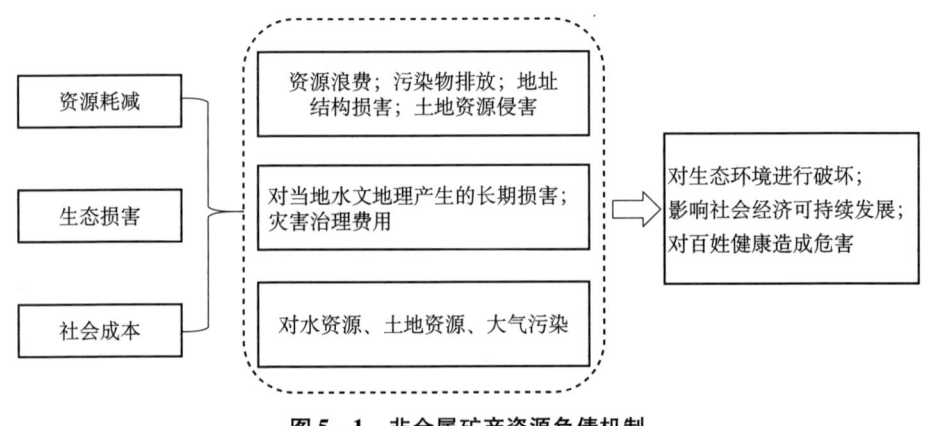

图5-1 非金属矿产资源负债机制

5.2.2 矿产资源负债核算

5.2.2.1 能源矿产资源负债

(1) 煤炭资源资产负债核算。为了防止资源消耗性负债的重复计算,本书提出了煤炭开发利用所造成的其他资源消耗性负债不能计入煤炭资源消耗性负债的观点。当前,全国煤炭的平均综合采收率只有30%左右,也就是说,在全国范围内,每开采一吨煤,就要消耗3.3吨煤炭资源。因此,煤炭资源耗减实物量计量公式为:

$$煤炭资源耗减实物量 = 煤炭资源开采量 \times (3.3 - 1) \quad (5-14)$$

考虑到煤炭资源的开采会对地表径流造成较大的损害,因此,以水资源消耗为主要计算对象计算煤炭资源对水资源的影响。

使用者成本法是近年来学术界普遍采用的一种方法,也是最受欢迎的一种方法(EI Serafy,1981)。它是一种计算实际收入的方法,后来被国内外学者所借鉴,并将其应用于衡量非再生资源的价值损失。这种方法是对不可再生资源进行折旧,从而得到用户的费用,也就是资源的折耗值。这种方法:一是在资源损耗之后的实际收益;另一种是从非可再生资源中获得的机遇成本。

使 r 为贴现率、R 为每年的毛收入、X 为每年的真实收入,那么净收入 X 的现值为:

$$V_0 = \sum_{t=1}^{\infty} \frac{X}{(1+r)^t} = \frac{X}{r} \quad (5-15)$$

对于某项煤炭资源,在理论开采年限 T 期间,每年毛收入 R 的现值为:

$$W_0 = \sum_{t=1}^{T} \frac{R}{(1+r)^t} = \frac{R}{r}\left(1 - \frac{1}{(1+r)^T}\right) \quad (5-16)$$

基于用户成本法假设的不可再生自然资源使用收入用于投资,令式(5-15)与式(5-16)相等,可得到煤炭资源资产的耗减价值量公式为:

$$D = \frac{R}{(1+r)^t} \quad (5-17)$$

据世界自然保护组织于2014年发表的《2012 煤炭的真实成本》报告指出,在煤炭开采中,水资源、噪声、空气等会对煤炭资源造成污染,而这些污染的控制又会给煤炭资源带来额外的成本。其中,污染控制费用主要包括水资源污染控制费用和噪声、大气污染控制费用,而这些费用又与当年的煤炭资源开采量有关。因此,污染治理成本的计算公式为:

$$污染治理成本 = 废气/废水/固体废弃物排放量 \times 单位治理费用$$
$$\times 煤炭资源开采量 \quad (5-18)$$

参考环境污染负债的计算方法,本书将生态系统的负债计算设定如下:

生态系统修复成本 = 生态系统损失面积 × 单位生态系统修复成本

(5 – 19)

煤炭资源负债表如表 5 – 2 所示。

表 5 – 2　　　　　　　　　　煤炭资源负债表

一级科目	二级科目	实物量	价值量
资源消耗负债	水资源消耗量		
	煤炭资源耗减实物量		
环境污染负债	废气排放量		
	废水排放量		
	固体废弃物排放量		
生态系统负债	生态系统损失面积		

(2) 石油资源资产负债核算。人的整个生命过程中都会经历四个成长和衰老周期:婴儿期、成长期、成年期与老年期。像人类的周期一样,一件产品也会经历从产生到消亡,经过自主研发策略的制定,产品开发并投入市场,再从最终产品减少到退出市场的整个过程就是产品的完整寿命周期。在目前情况下,被认可的一种产品所要经过的整个寿命周期,是由设计、制造、加工、运输和再循环组成的。资源的消耗和外溢发生在产品生命周期的每个阶段,但每个阶段都有不同的环境影响。在此基础上,以石油企业为例对其生命周期内的环境费用进行了分类,并对其进行了分类。石油矿产资源负债表如表 5 – 3 所示。

表 5 – 3　　　　　　　　　　石油矿产资源负债表

石油全生命周期阶段	二级科目	实物量	价值量
采油阶段	土地毁损、沙化、水土流失		
	水污染		
	大气污染		
原油炼制阶段	水污染		
	固体废弃物污染		
	噪声污染		
产品使用阶段	大气污染		

在使用者成本法中,因为无论是开采还是出售非再生资源都能产生利润,爱尔莎菲(El Serafy,1989)把获得的这部分利润划分为两个层面:一方面,这是由于在实施可持续发展战略的框架内,资源交易产生了可持续的实际收入 X,这

部分收入已经扣除了后续经营活动中的资源消耗损失;另一方面,实际生产中确实存在着资源损耗,这种损耗也可以被视为对开发利用不可再生资源的一种机会成本。使用者成本法的公式如下:

$$V_0 = \sum_{t=1}^{\infty} \frac{X}{(1+r)^t} = \frac{X}{r} \qquad (5-20)$$

其中,无穷期内真实收入的现值为 V_0;每年所获得的真实收益为 X;实际折现率为 r。

某一特定类型的自然资源在该资源的剩余使用年限内,其年净利润的现值为:

$$W_0 = \sum_{t=1}^{T} \frac{R}{(1+r)^t} = \frac{R}{r}\left[1 - \frac{1}{(1+r)^T}\right] \qquad (5-21)$$

其中,W_0 为每年净收入的现值;T 为资源剩余可采年限;R 为每年的净收入。根据 El. Serafy 的假设,将在一定时间内可持续开采的不可再生资源的所得收入进行重新分配再投资,令式(5-20)与式(5-21)相等,即为真实收益:

$$X = R - \frac{R}{(1+r)^T} \qquad (5-22)$$

最终,按照特定资源的使用者成本法计算出使用者成本 D 为:

$$D = R - X = \frac{R}{(1+r)^T} \qquad (5-23)$$

石油行业的生产成本可以广泛视为原油开采成本,因此,可以使用者成本法构建计量经济模型,从现有的国际油价以及年度统计年鉴中公布的石油库存和产量中得出石油库存的资源成本。相关计量模型如下所示:

$$M = \frac{R}{(1+r)^T} \qquad (5-24)$$

其中,M 为资源耗减成本;R 为净收入;r 为折现率;T 为可采年限。

资源消耗会导致一定的损失形成,主要原因是开采资源过程中造成的地面塌陷、土壤侵蚀和土地沙漠化。这些损失的计量可以以恢复费用法为基础进行建模,公式如下:

$$C_r = \sum (\Delta L_r \times Q_r) \qquad (5-25)$$

其中,C_r 表示资源消耗影响损失;ΔL_r 表示单位资源所消耗的损失;Q_r 表示单位资源的消耗量。

首先，利用人力资本方法，计算了空气污染对人类健康的影响。可吸入颗粒物、SO_2 和 NO_2 是当前国际上普遍认可的空气污染的环境质量指数，其中，可吸入颗粒物主要指 PM_{10}。假定空气中 PM_{10} 的浓度为全国平均二级标准（$0.1mg/m^3$），根据人力资本方法所构建的人类健康损耗计算模型为：

$$C_{oh} = C_{oh1} + C_{oh2} + C_{oh3} = N_p \times V + \sum E_j \times N_k + D \times R \times G \qquad (5-26)$$

其中，C_{oh1} 为过早死亡损失；C_{oh2} 为医疗费用的增加；C_{oh3} 为误工损失；N_p 为某地区因大气污染造成的过早死亡人数，V 为人的统计生命价值；E_j 为第 j 种疾病的平均每例医疗费；N_k 为第 k 种疾病的发病人数；D 为误工天数；R 为劳动人口占总人口的比例；G 为人日均 GDP。

其次，在油田开发和经营过程中，不可避免地会有少量的原油泄漏，比如，油田开发中，油井口的漏油、外围试油和井下维护工作都会有一部分原油在井场附近散失，从而形成了一种着陆原油。这种污染一旦溅射进入土壤中，就会在地心引力的影响下继续向更深的土层中渗透。由于其稳定性，石油很难在不破坏其形态的情况下自然挥发。从长远来看，它会堵塞土壤中的空气裂缝。此外，油不溶于水，这导致了土壤缺水的可能性。溶解氧和水的缺乏破坏了微生物的环境，从而阻碍了植物根部对微量元素和水的适当吸收以及土壤的自我恢复，从而导致植物干涸和死亡。高水平的空气污染还会影响光合作用和呼吸，降低植物的抵抗力，在严重的情况下，还会导致微生物代谢的偏差以及植被的变化。受土壤与植物自身代谢的双重影响，蔬菜、粮食等农产品品质下降，从而造成了严重的经济损失。在此基础上，提出了利用市场价值法来计算农业空气污染造成的经济损失，其公式为：

$$C_{om} = T_o \times P_o \qquad (5-27)$$

水污染对环境成本的影响有三个方面：第一，由于人类消耗受污染的水而导致的恢复健康的成本；第二，由于水环境质量恶化而导致的治理损失；第三，由于对农业使用有害的水污染而导致的产量和质量损失，从而影响了农业生产。下面就是这三个问题的详细说明。

①人体健康损失 C_{s1}。在油田开发过程中，由于油田开发过程中所产生的钻井平台及钻井工具的冲刷水，使得油田开发过程中所产生的水污染问题日益突出：一是在油田生产过程中，对井筒进行修井或洗井时，从井下排放出的含有盐

类、酸性及有机物的废液及废水；二是压裂液和工人的生活污水。现在，很多的疾病被证实与饮用被污染水相关，但是，这部分的损失无法直接得到。因此，可以构建一个可货币化模型来对该部分的损失进行计量，该模型主要是对单个水污染受到破坏后的治理成本进行了衡量，从而从侧面反映出对人体健康的损害情况。故人体健康损失计量模型为：

$$C_{s1} = Q_s \times P_s \times P_o \quad (5-28)$$

其中，C_{s1} 为人体健康损失；Q_s 为工业废水排放总量；P_s 为废水治理单价；P_o 为石油所占百分比。

② 水环境质量下降损失 C_{s2}。炼油产生大量有毒气体和大量固体颗粒，在某些情况下，这些颗粒与其他污染物相互作用，产生轻度污染，而氮氧化物的释放与空气中的液态水碰撞，引发酸雨。由于水资源是流动的和开放的，它们最直接地受到降水的影响，而降水反过来又影响灌溉农业的地下水质量和居民的日常生活。在没有外部干预的情况下，这种不平衡所带来的损失是无法减轻的，除非进行有效的管理。当水环境的总质量价值不变时，由于水环境恶化而造成的价值损失就会增加，这说明该地区清洁水资源的储备就会减少。水质退化损失应以污染物处理成本和废水收费作为标准，工业废水的年度处理成本应用于表征水质退化损失。该模型采用恢复费用法构建，如下所示：

$$C_{s2} = V_1 + V_2 = Q_{s2} \times f_{s2} + \sum (Q_1/Q_0 \times P_g) \quad (5-29)$$

其中，C_{s2} 为环境质量下降损失；V_1 为恢复费用；V_2 为排污费；f_{s2} 为单位治理费用；Q_{s2} 为污水排放量；Q_1 为某一污染物的排放量；Q_0 为该污染物的排放当量；P_g 为每一污染当量的征收标准。

③ 生产损失 C_{s3}。石油的本质是一种有机油性物质，当它泄漏并进入水体时，由于石油和水很难相互溶解，而且石油的密度比水低，就会形成一层上层油膜，阻止水体中的二氧化碳和空气中的氧气的相互交换。所以，水体的自净功能受到了很大的限制，从而造成了水的酸碱度的改变，使水里的动植物生存环境发生了不可逆的改变。所以，水体的富营养化是不可避免的。水污染对企业造成两种类型的经济损害，一种是对生活用水，另一种是对工业用水。如果居民生活用水质量降低严重，可能直接导致困难地区的水在短时间内不符合饮用标准，从而使得生活用水困难。此外，受污染的水体还会导致工业用水需求不达标，从而间

接造成工厂停业等间接损失。由此，测量生产损失的计量模型为：

$$C_{s3} = H_{s3} \times P_{s3} + G_{s3} \times P_{s4} \quad (5-30)$$

其中，C_{s3} 为水污染引起的生产损失；H_{s3} 为生活用水量；P_{s3} 为生活用水水费；G_{s3} 为工业用水量；P_{s4} 为工业用水水费。

在石油开发过程中，会产生如下固体废物：对于钻井工作，随着井深的增加，钻屑越来越多，其中或多或少会夹杂着一些原油，这些钻屑通常都会在工厂里先存储，然后再进行统一处理；由于钻井液是一种胶状悬浮物，其中夹杂着一种有害的油污，需要将其储存在井场的泥浆池中，然后进行集中处理；员工每日所制造的生活废物。因此，本书可以看到，固废所产生的环境代价，主要是由于固废所占的土地和固废所引起的有关影响。

① 堆存占地损失 C_{e1}。固体废弃物的堆存导致该部分土地无法正常进行生产，造成相关的经济损失，然而，这一损失的价值并不能直接得到，因此，可以使用这部分土地的机会成本来计算相关损失。计量模型如下：

$$C_{e1} = Q_{e1} \times A_{e1} \times B_{e1} \quad (5-31)$$

其中，C_{e1} 为固体废弃物占地引起的经济损失；Q_{e1} 为净增堆存量；A_{e1} 为单位固体废弃物所占用的土地面积；B_{e1} 为所占土地的机会成本。

② 固体废弃物排放影响损失 C_{e2}。为了计算这一环境费用，本书可以根据2017年颁布的《排污费征收标准管理办法》中的规定，构建以下模型来计算固体废物所造成的环境损失：

$$C_{e2} = Q_{e2}/Q_d \times P_{e2} \quad (5-32)$$

其中，C_{e2} 为固体废弃物排放影响损失；Q_{e2} 为固体废弃物的排放量；Q_d 为固体废弃物的排放当量；p_{e2} 为每一污染当量的收费标准。综上所述，固体废弃物污染损失计量模型为：

$$C_e = C_{e1} + C_{e2} \quad (5-33)$$

当前，国内外还没有一个关于噪声污染造成的环境损失的具体衡量标准。所以，本书根据控制噪声所花费的费用来衡量环境所承受的噪声污染，构建了以下模型：

$$C_n = P_n \times m \quad (5-34)$$

其中，C_n 为噪声污染损害成本；P_n 为超标分贝数收费标准；m 为一年内噪声超标月份数量。

③ 天然气资源资产负债核算。天然气资源负债是对天然气资源开发造成的环境损害的衡量，这个衡量需要一种前提，那就是天然气资源负债是由以往活动所产生的当前债务，并且是可量化的。从这一点可以看出，对天然气资源负债的核算主要用于核算在天然气资源开发过程中环境的损失、资源的耗竭和治理费用等方面的支出。然而，估算天然气资源负债的价值量存在一定困难，这就是为什么找到一个合适的价值量来反映天然气资源开发过程中的损耗很重要。在以下情况下，天然气资源可被确认为一项负债。

常规和非常规天然气资源在开采过程中造成的环境污染成本，即所需支付的费用。天然气资源属于国家所有，只有在政府批准后才能开采和使用。如果天然气资源因政府审批不当导致了资源耗损的部分，环境损耗支出就应成为在负债核算的过程中主要核算内容。此外，在一定程度上，环境污染性的支出只能体现为某一段时间内对环境损害所产生的成本，必须与环境污染的治理成本相结合，才能真实地体现出负债的实际成本，所以，将环境损失成本与环境污染治理成本的总和纳入负债确认的环境污染所需支付的成本范围之内。

早在 20 世纪中叶，国外学者爱尔莎菲就提出了使用者成本法，它的可靠之处就是可以清楚地区分出不可再生能源的实际收入和消耗成本。特别是对于天然气资源，使用使用者成本法分析可消耗的天然气资源的具体公式为：

$$R = \frac{X}{1 - \dfrac{1}{(1+r)^{T+1}}} \quad (5-35)$$

其中，R 为消耗天然气资源的总收入；X 为消耗天然气体资源的实际收入，在前面的开采年限分析中，确定 T 为当年的可开采年限，这里取 T = 10 年；r 为折现率且 r = 5.07%。El. Serafy 的价值模式的优势在于，从可再生天然气资源中得到的总体利益不仅仅是消耗和分配的净利益，还包括了使用者得到的部分利益，即天然气资源的消耗成本（R - X）。然而，因为资源的使用者并未考虑到损耗成本，而且，收入与资源型资产的混合收入大多被归类为经济型资产的收入，在不扣除成本的情况下，就导致了收入偏高。也就是说，得出可再生天然气资源的实际收入 X 作为其可再生能源的可再生能源消耗价格为：

$$X = R - \frac{R}{(1+r)^t} \quad (5-36)$$

本书主要以环境治理法对天然气资源的环境经济进行核算。具体的价值量核算方法如表5-4、表5-5、表5-6所示。

表5-4　　　　　　　　　　　　大气污染损失核算表

项目	公式	注释
人体健康损失	$D_c = C_1 + C_2$	D_c 为天然气开采造成的人体健康损失，万元 C_1 为因病造成的医疗费用支出，万元 C_2 为因病丧失劳动能力的工资损失，万元
	$C_1 = \sum R_p \times S$	R_p 为某种疾病的患病人数，人 S 为某种疾病的平均医疗费用，元/人
	$C_2 = \sum R_p \times D \times W_d$	D 为某疾病造成的病人误工天数，天 W_d 为农村居民人均可支配收入，元/年
温室气体的环境成本	$D_w = \sum T_c \times P_c$	D_w 为温室气体的环境成本，万元 $T_c \times P_c$ 为某种温室气体的价值量，万元

表5-5　　　　　　　　　　　　水污染损失核算表

项目	公式	注释
水环境污染经济损失	$M_E = K + M_P$	M_E 为水环境污染经济损失 M_P 为环境成本 K 为水污染经济损失系数，$K = 0.76$
人体健康环境成本	$M_{p1} = Q \times C$	M_{P1} 为人体健康环境成本 Q 为矿区自来水年供水量，万吨 C 为制水成本，元/吨
废水排放污染环境费用支出	$M_F = \sum T_C \times P_C$	M_F 废水排放污染环境费用支出 $T_c \times P_c$ 为废水排放到环境中的价值量数值

表5-6　　　　　　　　　　　　固废污染核算表

项目	公式	注释
固废污染成本	$G_W = S_Y p_g l_g C_S$	G_W 为固废污染成本 S_Y 为具有污染性的煤矿固体废弃物重量，万吨 p_g 为固废堆存污染系数，取1.5 l_g 为固废堆存损失系数，取1.3 C_S 为污染土壤恢复成本，1万元/万吨
固废处理费用	$G_F = S_{CG} c_g C_F$	G_F 为固废处理费用 S_{CG} 为煤矿固体废弃物重量，万吨，$S_{CG} = 2.638 \, G_S$ c_g 为固废占地重量系数，7.5/万吨 C_F 为灭火工程费用，80元/kg

5.2.2.2　金属矿产资源负债核算

（1）金属矿产资源耗减核算。金属矿产资源是一种经过长期积累的可枯竭性资源，如果过度使用，则没有可回收价值，资源耗减负债源于这种资源的减少。资源消耗负债尤其体现在资源的严重浪费上,这一负债可以反映在选矿回采率、采出率等方面。选矿回采率是指在选矿过程中有价值的产品与已经选出的原生态矿物中的有价值产品的比率,该比率的值越高,意味着选矿利用率越高。采矿回收率是指在现有技术条件下,在采矿区所能采出的资源量与其所拥有的资源量之间所占的比例。该指数越高,则损失率越低;反之,该指数越低,则开采率就越高。

金属矿产资源的开采收入包含了资源损耗产生的价值,即为了维持原始资源储量,就需要花费相应的成本,净收入则是用开采收入减去这些成本。本书以煤炭资源的耗减核算方法为参考,采用使用者成本法(Division,2017),使 r 为折现率,R 为每年的毛收入,X 为每年的净收入,那么净收入 X 的现值为:

$$V_0 = \sum_{t=1}^{\infty} \frac{X}{(1+r)^t} = \frac{X}{r} \tag{5-37}$$

针对某一特定的资源,在理论开采年限 T 期间,每年毛收入 R 的现值为:

$$W_0 = \sum_{t=1}^{T} \frac{R}{(1+r)^t} = \frac{R}{r}\left(1 - \frac{1}{(1+r)^T}\right) \tag{5-38}$$

令式(5-37)与式(5-38)相等,那么金属矿产资源应付耗减价值量公式为:

$$D = \frac{R}{(1+r)^t} \tag{5-39}$$

(2)环境污染治理成本核算。前面对金属矿产勘探开发阶段的环境污染负债进行了分析,认为金属矿产勘探开发阶段的环境污染负债主要包括水体污染负债、地表污染负债等。首先,矿产资源开发造成的环境污染必须由相关责任方消除,而这方面的治理是由以政府为代表的责任方来完成的。其次,已有的环境会计理论可以准确地衡量这一类支出(刘玉洁,2020)。

① 水污染治理。在开采矿产的过程中会产生各种有害物质,造成天然水的品质降低,地下水位下降,对居民用水造成影响。为保证水环境质量,改善水质,必须对受污染的水进行处理,而这种处理费用即为水污染治理费用。其核算公式如下:

$$CW_a = Q_1 F_1 \tag{5-40}$$

其中,CW_a 代表水体污染治理成本;Q_1 代表损失量;F_1 代表单位治理费用。

在矿山开采过程中会产生大量的污水，这些污水对矿区的生活用水和工业用水都有一定的影响，因此，本书需要对排放的污水进行处理。核算公式如下：

$$CW_b = Q_2F_2 \tag{5-41}$$

综上所述，则水污染治理成本负债核算公式为：

$$CW_x = CW_a + CW_b = Q_1F_1 + Q_2F_2 \tag{5-42}$$

② 地面污染治理。金属矿产开采时会产生尾矿、渣矿等固废，需按工业废弃物处理，其主要计算公式如下：

$$CV = W \times (1 - a) \times C \tag{5-43}$$

其中，W 代表固体废物产生量；a 代表综合利用率；C 代表处置成本。

③ 颗粒物排放造成的污染损失。在冶炼环节中颗粒物污染物会造成损失，本书使用市场价值法来进行计算，计算公式如下：

$$CT_D = \sum_i T_{Di}P_d \tag{5-44}$$

其中，T_{Di} 代表冶炼过程中的颗粒物排放量；P_d 代表净化单位颗粒物的价格。

④ 二氧化碳气体排放造成的损失。金属矿石熔炼时产生的二氧化碳它会引起严重的温室效应。本书使用联合国政府间气候变化专门委员会（IPCC）的排放系数法，计算公式为：

$$CC_W = W \times r \times P \tag{5-45}$$

$$W = M \times A_{ar} \times \omega \times \left(1 - \frac{\mu}{100}\right) \tag{5-46}$$

其中，W 为冶炼过程中的排放量；r 为排放系数；P 为首污染的单价；M 为金属矿的消耗量；A_{ar} 为平均冶炼收到的基灰分（%）；ω 为灰粉至 $PM_{2.5}$ 的转化系数；μ 为修复方法对 $PM_{2.5}$ 的影响。

综上所述，大气污染治理成本负债核算公式为：

$$C = CT_D + CC_W = \sum_i T_{Di}P_d + W \times r \times P \tag{5-47}$$

(3) 矿山修复成本负债核算。

① 植被绿化修复。在矿山环境中，土壤中存在着大量的重金属元素，这些元素可能产生富集作用。同样，在栽培方面也存在着许多问题，抗重金属植物能否适应某些地方的环境。因此，根据当地的实际情况，选用合适的树种是非常重要的。本书选择了《新疆准东煤田生态补偿费用估算及标准确定》文件规定的

恢复和防护费用法，采用了下列公式：

$$T_1 = S_2 \times R \times P_1 \tag{5-48}$$

$$T_2 = S_3 \times b \tag{5-49}$$

其中，S_2 为需要恢复的植被面积；R 为每单位种植耐性植物的数量；P_1 为种植的市场价；S_3 为实际绿化面积；b 为恢复 $1hm^2$ 的土地成本。

② 土壤改良修复。金属矿产资源在选矿过程中以某种方式破坏了土地资源，尤其是农业用地，导致产量下降。根据现有的市场价值法，公式如下：

$$CR_{WR} = C_R \times S_4 \tag{5-50}$$

其中，S_4 为农业用地的损失面积；C_R 为通过价格调整后的单位农业用地的面积价值。

综上所述，矿山修复的成本核算公式为：

$$S_5 = T_1 + T_2 + CR_{WR} = S_2 \times R \times P_1 C_R + S_3 \times b + C_R \times S_4 \tag{5-51}$$

5.2.2.3 非金属矿产资源负债核算

（1）非金属矿产资源损耗成本。非金属矿产资源损耗成本是指由于人们盲目追求经济利益而造成的对非金属矿产资源的浪费和损失所承担的补偿责任。非金属矿产资源耗竭不仅是由于受到开采技术水平的影响，还是由于不完善的有关开采标准的制定。因此，非金属矿产资源开发不足导致非金属矿产的浪费，加速了矿产资源的枯竭，影响了可持续发展，从而导致未来非金属资源的过度开发，未来的非金属矿产资源使用成本可能会越来越高。对于非金属矿物资源的损失成本可以参照金属矿产的计算方法，具体方法如下。

非金属矿产资源的开采收入中包含了资源损耗的价值，即维持原有的资源储量所需的相关费用要从开采收入中扣除，剩余的才是净收入，也可参考煤炭资源的损耗核算，采用使用者成本法，r 为折现率，R 为每年的毛收入，X 为每年的净收入，那么净收入 X 的现值为：

$$V_0 = \sum_{t=1}^{\infty} \frac{X}{(1+r)^t} = \frac{X}{r} \tag{5-52}$$

针对某一特定的资源，在理论开采年限 T 期间，每年毛收入 R 的现值为：

$$W_0 = \sum_{t=1}^{T} \frac{R}{(1+r)^t} = \frac{R}{r}\left(1 - \frac{1}{(1+r)^T}\right) \tag{5-53}$$

令式（5-52）与式（5-53）相等，那么最后对于非金属矿产资源应付耗减价值量公式为：

$$D = \frac{R}{(1+r)^t} \tag{5-54}$$

（2）应付环境污染治理代价核算。矿物非金属矿产因其存于地层深处，在开采过程中，必然会造成地质构造的破坏与土壤资源的污染。非金属矿物的开发而造成的环境污染，必须要付出一定的治理成本，按照污染客体的不同，可以将其划分为水资源污染、大气污染、固体废物污染。水环境污染是指非金属矿开发产生的污水未经处理直接排入江河的现象，可用单位污水处理费用进行评估。由于煤矿的特殊性质，在采矿过程中不可避免地会排放出某些固体废物，从而增加空气污染的治理成本。

① 水污染治理成本。水污染主要是矿产资源开采过程中对水资源的严重损耗，而水资源有公开的市场价格，因此，采用市场法计算资源损耗部分的价值，计算公式如下：

$$C_w = T_w \times P_w \tag{5-55}$$

其中，C_w 代表水资源损耗价值；T_w 代表水资源损耗量；P_w 代表水资源当期市场价格。

② 大气污染环境治理成本。

计算公式如下：

$$C_i = Q \times F_i \tag{5-56}$$

其中，C_i 为大气污染环境治理代价；Q 为煤炭开采量；F_i 为开采一吨非金属矿产付出的大气污染治理成本。

③ 固体废弃物污染治理成本。

计算公式如下：

$$C_d = Q_d \times F_d \tag{5-57}$$

其中，C_d 为固体废弃物污染治理代价；Q_d 为非金属开采产生的固体废弃物的排放量；F_d 为每吨固体废弃物的处理成本。

（3）应付生态破坏恢复成本核算。非金属矿产资源开发造成的生态损害与修复成本主要包括两个方面，一是直接的土壤损害与修复成本，二是表面的植被损害与修复成本。

在进行土地生态损害修复的成本核算时，首先要考虑的是损害的成本与修复的成本。土地的直接毁坏和修复的成本计算包括两个方面：第一个方面是非金属矿产开采、占用和损毁的是一块可以种植作物的土地，种植作物会产生一定的经济收入，这个部分被看作是成本，可以用收益还原法来计算；第二个方面则是根据被破坏的土地面积与每平方米的土地开垦费来确定被破坏的土地总面积的开垦费。地表植被的修复成本可以从降低植物释放氧的角度来计算。

（1）土地直接破坏治理成本。

计算公式：

$$C_1 = R_1 \times S_1 + R_1 \times S_2 \qquad (5-58)$$

其中，C_1 为应付土地直接破坏恢复代价；R_1 为非金属开采土地占用破坏面积；S_1 为单位土地面积收益；S_2 为单位面积土地的复垦成本。

（2）地表植被破坏治理成本。

计算公式：

$$C_v = R_1 \times S_3 + R_2 \times S_4 \qquad (5-59)$$

其中，C_v 为应付地表植被破坏恢复代价；R_1 为因非金属矿产开采造成地表植被破坏导致的每公顷释氧量减少损失；S_3 为矿山累计占用和破坏土地面积；R_2 为单位面积植被恢复成本；S_4 为矿山恢复面积。

（3）应付安全健康成本核算。非金属矿产资源在其开采过程中，由于其所处的环境条件的不确定性，会导致多种因素引起矿山灾害。这些事故对劳动者的生命和健康构成了威胁，并导致劳动者的经济损失。则应付安全与健康成本的核算模型为：

$$C_h = P_h \times Q \qquad (5-60)$$

其中，C_h 为人体健康损失成本；Q 为某一区域当年非金属矿产资源开采总量；P_h 为每开采一吨非金属矿产所导致的安全健康损失。

第6章 水资源资产负债表的编制

水资源资产核算是全民所有自然资源资产清查核算的重要内容之一。结合现有的水资源普查和监测结果,建立了水资源资产的计量体系。以水资源资产在自然、社会、经济系统中所处的阶段、地位等为依据,从资产所有、管理、使用、收益、保护等多角度入手,构建出能够反映水资源资产存量、利用潜力量、流量、更新量、质量以及保护状况等方面实物量核算的内容指标体系。本书从水资源开发利用现状出发,建立了一套以交易价和理论价为基础的水资源资产定价"双轨道"计算方法。

6.1 水资源资产核算

6.1.1 水资源资产账户

当前,由于缺乏对水资源资产概念的相关界定,因此较难区分水资源和水资源资产,水资源中仅部分水资源符合资产确认的条件,这是由于像降雨而导致的汛期排涝弃水、污染部门所排放的未达到处理标准的水,都无法被人们控制和使用,所以,这一部分水资源不能被确认为水资源资产。水资源资产是在水资源基础上的进一步拓展,既包含水资源概念,又包含资产概念,因此当确认水资源资产时,其既要符合水资源的定义,也要符合资产的一般性定义。水资源资产具有价值属性;各经济主体对水资源的"使用权""处置权"等相关权力的获得,是通过当地管理部门批准,进入社会经济体系的水循环中而实现的。它通过水权益主体之间的流动、利用、回用、排泄等方式来实现自身的价值增值,从而形成了一种资产的转换,这就使得水资源具有了商品的普遍性质,以此被人们控制和利用。当然，水资源转化为水资源资产的过程还需满足四个条件：一是拥有清晰的所有权或者使用权，这是水资源资产形成的先决条件；二是水资源具有可控制、可利用性，其具有可开采、可使用性，反之，则仅具有资源性；三是可利用的水资源可以为所有的水资源利益主体创造利益；四是水资源的投入与产出可以用金钱来进行可靠的衡量。以水资源和资产的定义为基础，与水资源成为资产的条件相结合，本书认为水资源资产应该是"水权益实体拥有或控制的，可以通过一定的技术手段获得的，在使用过程中能为水权益实体带来经济效益的水资源，且其成本或收益可以可靠地度量，包括物理形式的水、虚拟水权和其他水权"。在此基础上，本书提出了水资源资产的概念，并将其定义为产权清晰、可计量、可使用、可产生经济效益的水资源。

6.1.2 水资源资产核算

6.1.2.1 调蓄洪水

调蓄洪水指的是为消减并滞后洪峰，借助水库、湖泊等区域河段来实现蓄积洪量、缓解下游洪水造成威胁和损失的功能。在核算区内，水库的防洪能力与湖面的防洪能力构成了实际的水资源资产总量；价值量的计量可以用替换工程法，也就是用每座水库的库容建造费用去替换调蓄洪水的每一座水库的经济价值，具体公式如下：

$$W_{调蓄洪水实物量} = \sum_{i=1}^{m} Q_{水库i} + Q_{湖泊i} \quad (6-1)$$

$$V_{调蓄洪水价值量} = W_{调蓄洪水实物量} \times TC_{库容} \quad (6-2)$$

其中，W 表示核算区用于调蓄洪水的水资源资产实物总量（亿立方米）；$Q_{水库i}$ 为核算区第 i 个水库的防洪总库容（亿立方米）；$Q_{湖泊i}$ 为核算区第 i 个湖泊的洪水调蓄量（亿立方米）；$V_{调蓄洪水价值量}$ 为核算区调蓄洪水的水资源资产价值总量（亿元）；$TC_{库容}$ 为核算区单位水库库容建设成本（元/立方米）。

6.1.2.2 水力发电

当前水力发电的市场前景十分广阔，水力发电，主要是通过水资源将水能转化为电能，它的会计主体是水电站和水电厂。水电站梯级开发是充分利用河流水力资源的一种模式，以阶梯方式从河流上游到下游逐级修筑一系列水电站，每一座是一个梯级，从而达到水资源的多重利用，并提高水资源资产的有效增值。对于水资源的计量借助本地区的水电站的开发和使用情况；其价值为核算地区的水电水费与并网电量相乘的结果。其计算公式为：

$$W_{水中发电实物量} = \sum_{i=1}^{n} E_{水电站i} \tag{6-3}$$

$$V_{水力发电价值量} = Q_{水力发电量} \times P_{水资源费} \tag{6-4}$$

其中，$W_{水中发电实物量}$为核算区水力发电的水资源资产实物总量（亿立方米）；$E_{水电站i}$为该水电站开发利用的水资源资产实物量（亿立方米）；$V_{水力发电价值量}$为核算区水力发电的水资源资产价值总量（亿元）；$Q_{水力发电量}$为核算区水电站的并网发电量（千瓦时）；$P_{水资源费}$为水力发电水资源费（元/千瓦时）。

6.1.2.3 农田灌溉

农田灌溉主要是指农民在生产劳作过程中（如水田、菜地、水浇地等田地）的灌溉用水量。在核算区，其实际水资源总量为一个会计期间农业灌溉用水总量；价值量为核算区农用水价与用水总量之积。

$$W_{农田灌溉实物量} = Q_{水田} + Q_{菜田} + Q_{水浇地} \tag{6-5}$$

$$V_{农田灌溉价值量} = W_{农田灌溉实物量} \times P_{农业用水} \tag{6-6}$$

其中，$W_{农田灌溉实物量}$为核算区农田灌溉的水资源资产实物总量（亿立方米）；$Q_{水田}$、$Q_{菜田}$和$Q_{水浇地}$分别为核算区水田、菜田和水浇地的取用水量（亿立方米）；$V_{农田灌溉价值量}$为核算区农田灌溉的水资源资产价值总量（亿元）；$P_{农业用水}$为核算区农业用水的单位价格（元/立方米）。

6.1.2.4 林牧渔畜

林牧渔畜是指用于林业、畜牧业、渔业生产的水资源，包括林牧灌溉、鱼塘养殖、家畜用水等，其实际水资源总量为核算区在一个会计期间的森林、畜牧业、渔业用水总量；价值是指核算区内的农用水价格与实际用水量相乘的结果，计算公式是：

$$W_{林木渔畜实物量} = Q_{林业} + Q_{畜牧业} + Q_{渔业} \tag{6-7}$$

$$V_{林木渔畜价值量} = W_{林木渔畜实物量} \times P_{农业用水} \tag{6-8}$$

其中，$W_{林牧渔畜实物量}$为核算区林牧渔畜的水资源资产实物总量（亿立方米）；$Q_{林业}$、$Q_{畜牧业}$和$Q_{渔业}$分别为核算区林业、畜牧业和渔业的取用水量（亿立方米）；

$V_{林牧渔畜价值量}$为核算区林牧渔畜的水资源资产价值总量(亿元)。

6.1.2.5 工业生产

工业生产是指在工业生产过程中用水量,这个量是指新取得的水,而不是企业内部再使用的水。其实际水资源总量为核算区在一个会计期间的工业用水总量;价值量为核算区内的工业用水价格与实际用水量相乘的结果。

$$W_{工业实物量} = Q_{规模以上} + Q_{火(核)电} + Q_{规模以下} \quad (6-9)$$

$$V_{工业价值量} = W_{工业实物量} \times P_{工业用水} \quad (6-10)$$

其中,$W_{工业实物量}$为核算区工业用水的水资源资产实物总量(亿立方米);$Q_{规模以上}$、$Q_{火(核)电}$和$Q_{规模以下}$分别为核算区规模以上、火(核)电和规模以下工业企业的新取用水量(亿立方米);$V_{工业价值量}$为核算区工业用水的水资源资产价值总量(亿元);$P_{工业用水}$为核算区工业用水的单位价格(元/立方米)。

6.1.2.6 城镇公共

城镇公共指城镇公共的用水量,主要是服务和特殊产业用水。核算区在一个会计期间,其实际水资源总量为城镇公众用水总量;价值为核算区公用水价与城镇公众用水总量之积,按下列公式计算:

$$W_{城镇公共实物量} = Q_{服务业} + Q_{特种行业} \quad (6-11)$$

$$V_{城镇公共价值量} = Q_{服务业} \times P_{服务业用水} + Q_{特种行业} \times P_{特种行业用水} \quad (6-12)$$

其中,$W_{城镇公共实物量}$为核算区城镇公共用水的水资源资产实物总量(亿立方米);$Q_{服务业}$和$Q_{特种行业}$分别为核算区服务业和特种行业的取用水量(亿立方米);$V_{城镇公共价值量}$为核算区城镇公共用水的水资源资产价值总量(亿元);$P_{服务业用水}$和$P_{特种行业用水}$为核算区服务业和特种行业用水的单位价格(元/立方米)。

6.1.2.7 居民生活

居民生活是指城乡居民的日常生活用水,主要包括城市、县镇、乡镇住宅及乡村居民的日常生活用水。其实际水资源总量为核算区在一个会计期间的居民生活用水总量;价值是指核算区内的生活用水价格与实际用水量相乘的结果。

$$W_{居民生活实物量} = Q_{城镇} + Q_{农村} \quad (6-13)$$

$$V_{居民生活价值量} = Q_{城镇} \times P_{城镇生活用水} + Q_{农村} \times P_{农村生活用水} \quad (6-14)$$

其中,$W_{居民生活实物量}$为核算区居民生活用水的水资源资产实物总量(亿立方米);

$Q_{城镇}$ 和 $Q_{农村}$ 分别为核算区城镇居民和农村居民的取用水量（亿立方米）；$V_{居民生活价值量}$ 为核算区居民生活用水的水资源资产价值总量（亿元）；$P_{城镇生活用水}$ 和 $P_{农村生活用水}$ 为核算区城镇生活和农村生活用水的单位价格（元/立方米）。

6.1.2.8 生态环境

生态环境是指将降水、径流等天然得到的水量排除在外的在城市和乡村中使用的生态环境补水量，将其分成城市环境用水和乡村生态补水两种情况分别进行了统计。其实际水资源总量为核算区在一个会计期间所取得的生态环境用水总量；价值是指核算区内的生态用水价格与实际用水量相乘的结果。

$$W_{生态环境实物量} = Q'_{城镇} + Q'_{农村} \quad (6-15)$$

$$V_{生态环境价值量} = Q'_{城镇} \times P_{城镇生态用水} + Q'_{农村} \times P_{农村生态用水} \quad (6-16)$$

其中，$W_{生态环境实物量}$ 为核算区生态环境用水的水资源资产实物总量（亿立方米）；$Q'_{城镇}$ 和 $Q'_{农村}$ 分别为核算区城镇和农村的生态环境取用水量（亿立方米）；$V_{生态环境价值量}$ 为核算区生态环境用水的水资源资产价值总量（亿元）；$P_{城镇生态用水}$ 和 $P_{农村生态用水}$ 为核算区城镇和农村生态用水的单位价格（元/立方米）。

6.1.2.9 中水回用

中水回用是指将废水（污）水进行集中处理，使其满足一定的使用要求，并将其作为生产、生活用水，是一种对水资源进行再利用的方法。其实际水资源总量为核算区一个会计期间的再生水利用总量；价值量为各会计区域内各单位用水价格与实际用水量相乘的，计算公式为：

$$W_{中水回用实物量} = G_{中水供给} \times L_{中水} \quad (6-17)$$

$$V_{中水回用价值量} = W_{中水回用实物量} \times P_{中水} \quad (6-18)$$

其中，$W_{中水回用实物量}$ 为核算区中水回用的水资源资产实物总量（亿立方米）；$G_{中水供给}$ 为核算区污水处理厂供给的中水量（亿立方米）；$L_{中水}$ 为核算区中水回用的使用率（%）；$V_{中水回用价值量}$ 为核算区中水回用的水资源资产价值总量（亿元）；$P_{中水}$ 为核算区中水回用的单位价格（元/立方米）。

6.1.2.10 贮水价值

在生态系统中的气候调节、水源涵养和土壤保持等方面的生态经济价值就体现了贮水价值。测算结果由核算区域内的水库、河流、湖泊和地下水等的贮水量来决定。

$$W_{贮水实物量} = Q_{水库} + Q_{河流} + Q_{湖泊} + Q_{地下水} \quad (6-19)$$

其中，$W_{贮水实物量}$为核算区贮水价值的水资源资产实物总量（亿立方米）；$Q_{水库}$为核算区的水库水资源总量（亿立方米）；$Q_{河流}$为核算区的河流水资源总量（亿立方米）；$Q_{湖泊}$为核算区的湖泊水资源总量（亿立方米）；$Q_{地下水}$为核算区的地下水水资源总量（亿立方米）。

在具体的水资源资产储量价值的测算上，本书从理论上对我国水资源价值进行了分析，并对我国水资源价值进行了实证分析。而采用何种计量方式，则应视编制人的目标及所采用的方法而定。它的计算公式是：

$$V_{贮水价值量} = W_{贮水实物量} \times P_{单位水资源资产价格} \quad (6-20)$$

其中，$V_{贮水价值量}$为核算区贮水价值的水资源资产价值总量（亿元）；$P_{单位水资源资产价格}$为核算区单位水资源资产价格（元/立方米）。

6.1.2.11 水质净化

水质净化是指水资源恢复到初始状态的能力，这个恢复过程为一个化学过程，这是水资源最基本的生态功能，然而，它的容纳量是有限的，当污染物超出其容纳量时，就会对水资源产生污染，从而产生水资源负债。在对水资源的水质净化实际物量进行测量时，水体的污染负荷应作为一个标准，它应分为两部分。如果污染物排放量小于水体纳污能力时，那么水质净化实物量就可以代表污染物的排放量。在流域内，如果流域内的污染排放超出了流域可承受的容量，那么流域内的水资源就是流域的实际可承受容量。

$$W_{水质净化实物量} = \begin{cases} \sum_{i=1}^{n} Q_{污染物i}, & Q_{污染物i} < Q_{纳污能力i} \\ \sum_{i=1}^{n} Q_{纳污能力i}, & Q_{污染物i} \geq Q_{纳污能力i} \end{cases} \quad (6-21)$$

其中，$W_{水质净化实物量}$为核算区水质净化的水资源资产实物总量（吨）；$Q_{污染物i}$为核算区第i类污染物排放量（吨/天）；$Q_{纳污能力i}$为核算区第i类污染物水体纳污能力（吨/天）。

使用替代成本法来测量水质净化的价值，也就是以一个经济体在处理污染时的每一笔费用，来代替对水资源的净化价值的估计。在污染物排放总量不大于水体可容纳容量的情况下，水质净化价值与经济主体处置污染物排放的费用是一样的；如果污染物的排放总量超过了水体的可容纳容量，那么水质净化价值就是一个经济体对与其具有可容纳的水体的可容纳容量相同的排放总量所产生的费用。

$$V_{水质净化实物量} = \begin{cases} \sum_{i=1}^{n} Q_{污染物i} \times TC_{污染物i}, Q_{污染物i} < Q_{纳污能力i} \\ \sum_{i=1}^{n} Q_{纳污能力i} \times TC_{污染物i}, Q_{污染物i} \geq Q_{纳污能力i} \end{cases} \quad (6-22)$$

其中，$V_{水质净化实物量}$为核算区水质净化的水资源资产价值总量（亿元）；$Q_{污染物i}$为核算区第 i 类污染物排放量（吨/天）；$TC_{污染物i}$为经济体第 i 类污染物的单位治理成本（吨/万元）；$Q_{纳污能力i}$为核算区第 i 类污染物水体纳污能力（吨/天）。

6.1.2.12 生物多样性维持

生物多样性维持指的是为维持生物多样性，如满足水生生物群落所需所提供生存空间、食物、水源等场所和环境。根据核算地区的淡水面积，衡量保持水资源生物多样性的物质量，即为水库、江河和湖泊的平均面积；价值量的计量可按下列公式计算：

$$W_{生物多样性维持实物量} = Q_{水库面积} + Q_{河流面积} + Q_{湖泊面积} \quad (6-23)$$

$$V_{生物多样性维持价值量} = W_{生物多样性维持实物量} \times TC_{淡水} \quad (6-24)$$

其中，$W_{生物多样性维持实物量}$为核算区生物多样性维持的水资源资产总量（平方千米）；$Q_{水库面积}$为核算区的水库平均面积总量（平方千米）；$Q_{河流面积}$为核算区的河流平均面积总量（平方千米）；$Q_{湖泊面积}$为核算区的湖泊平均面积总量（平方千米）；$V_{生物多样性维持价值量}$为核算区生物多样性维持的水资源资产价值总量（亿元）；$TC_{淡水}$为核算区单位淡水面积生物多样性维持价值（万元/平方千米）。

水资源资产核算表基本表式如表 6-1 所示。

表 6-1　　　　　　　　水资源资产核算表基本表式

填报单位：　　　　机构代码：　　　年度：　　　　　　　　单位：亿立方米/亿元

科目编码	水资源资产	期初值		期末值		期间变化值	
		实物量	价值量	实物量	价值量	实物量	价值量
1001	水权资产						
100101	取水权资产						
100102	水权交易资产						
1002	水经济资产						
100201	调蓄洪水						
100202	水力发电						

续表

科目编码	水资源资产	期初值		期末值		期间变化值	
		实物量	价值量	实物量	价值量	实物量	价值量
100203	农田灌溉						
100204	林牧渔畜						
100205	工业生产						
100206	城镇公共						
100207	居民生活						
100208	生态环境						
100209	中水回用						
1003	水生态服务资产						
100301	贮水价值						
100302	水质净化						
100303	生物多样性维持						
	水资源资产合计						

单位负责人： 填表人： 联系电话： 填报时间：20 年 月

注：1. 表中数据分为两种计量，实物量计量单位为"亿立方米"，价值量单位为"亿元"，数据来源于统计部门、环保部门、国土部门和水利部门。

2. 审核关系：

（1）年末数量 = 年初数量 + 年内变化

（2）水资源资产合计 = 水权资产 + 水经济资产 + 水生态服务资产

6.2 水资源负债核算

6.2.1 水资源负债账户

当前，对水资源负债的认定存在着较大的争议。会计准则中规定，自然资源是一种没有负债的非金融资产，只有金融资产才有负债。SEEA 并没有承认水资源方面的负债，相反，它只是把环保费用当作一项支出，所以它只对资产的价值产生影响，对负债没有任何影响。澳大利亚的水权和水市场已经比较成熟，在它所制定的《水资产法》中，水资源负债被定义为"可提供但还没有提供的水"或者"还没有分配的水"。目前，对其能否确认为水资源负债，国内外尚未达成一致意见。在实践中，水资源负债是指对环境损害和资源消耗的一种债务。一些学者认为，当前，我国的水资源权属还不清楚，不能确定具体的债权人。而本书提出了核算水资源负债的必要性。水资源资产负债表可以为管理单位人员的离任审计和生态环境的损害追究制度提供相应的数据支持,而这部分数据不仅需要水资源资产,还应由水资源负债承担。

6.2.2 水资源负债核算

在水资源负债计量方面,SEEA 根据成本与损失两个基本原理,计算出由环境恶化引起的各种费用,其中包括维持费用与防治费用。同时,中国也没有制定出一套规范的水资源负债会计制度。唐勇军、张鹭鹭等认为,在当前的情况下,生态系统的退化程度以及环境修复的费用都不能精确地计算出来,因此,他们将对当前的水资源的保护支出进行核算,来确认水资源负债,并在此基础上,建立了两个账户,分别是"废污水处理投入"和"废水治理环保投资"。在考虑其离任审计考核的依据时,对于水资源负债的价值计量,考虑用环境重置成本法并对行政主体的水资源消耗以及水污染的治理与修复进行确认与计量。

6.3 水资源资产负债表

水资源资产负债表基本表式如表 6-2 所示。

表 6-2 水资源资产负债表基本表式

科目编码	资产	期初余额	期末余额	科目编码	负债和净资产	期初余额	期末余额
101	水权资产			201	水量负债		
10101	取水权资产			20101	外购水权		
10102	水权交易资产			20102	水资源过耗		
102	水经济资产			202	水生态环境负债		
10201	调蓄洪水			20201	水污染治理		
10202	水产品			20202	水生态修复		
10203	水力发电			20203	水生态维护		
10204	内陆航运			203	水灾害负债		
10205	农田灌溉			20301	河流洪水		
10206	林牧渔畜			20302	山洪		
10207	工业			20303	溃坝洪水		
10208	城镇公共			20304	泥石流		
10209	居民生活			20305	城市内涝		

续表

科目编码	资产	期初余额	期末余额	科目编码	负债和净资产	期初余额	期末余额
10210	生态环境				负债合计		
10211	中水回用						
103	水生态服务资产						
10301	贮水价值						
10302	水质净化						
10303	生物多样性维持						
10304	休闲旅游			301	净资产合计		
	资产合计				负债和净资产总计		

第 7 章 海洋资源资产负债表的编制

7.1 核算理论与探索

国际上,联合国国民经济核算体系(SNA2008)、联合国环境资源核算体系(SEEA2012)都界定了自然资源资产的概念,并且认为自然资源资产应该具有一定的经济性质。关于自然资源资产的性质,我国有些学者认为自然资源资产应该同时具有多种性质,这些性质包括稀缺性、有价性、可计量性和产权明晰性。除了应具有经济价值,还应该具有社会价值与生态价值(薛智超等,2015)。如若要科学地编制海洋自然资源资产负债表,其基础就是明确地界定海洋资源资产的内涵。然而,国际上尚未制定海洋资源资产的共同定义。王(Wang,2021)海洋资源资产不仅具有一般资产的基本特征,还具有海洋资源的一般特征,海洋资源资产还具有稀缺性、可持续性和盈利性等自然资源特征。海洋资源,顾名思义,就是海洋中可以与空间、物质和能源联系在一起的资源。根据性质和功能的不同可以分为海洋生物资源和水域资源两种(马仁锋等,2018)。王舒鸿和卢彬彬(2021)对比了中美海洋资源约束的不同,将资源约束与海洋经济增长关系进行了总结。人们对海洋资源的认识随着时间的推移逐渐深入,研究视角转变为自然灾难和社会两种,并且认识到海洋资源的环境、经济、政治的多种属性特征。关于海洋资源资产内涵的界定,不同的学者有不同的侧重点,但是共同点都认为海洋资源资产不仅是具有特定价值的,而且是一种有明确权利主体的自然资源。

我国关于海洋资源资产的核算尚不成熟,需要从理论研究、资源资产的定义、核算方法等方面进行深入研究。基于资产化的海洋资源管理需要仔细考虑多个方面,其中,最重要的是国家管理要求和核算技术支撑,一方面,海洋资源在自然资源和生态管理体制改革中的地位和作用，在考虑到国家管理要求时需要明确；另一方面，在技术上要衔接环境经济核算与海洋经济核算（Wang et al.，2018）。海洋资源资产价值量核算的先决条件是实物量核算，并且将海洋资源资产纳入市场体系是价值量核算的目的，并与经济政策一起调节市场消费等经济活动。对海洋资源资产的实物量进行核算可以系统展现我国海洋资源的实际拥有量和消耗量以及会计期间内海域资源资产的流量（陈玥等，2015）。进行海洋资源资产的价值量核算是实物量核算的最终目标，价值量核算不仅包括海洋资源资产的核算，还包括生态系统服务价值的核算（薛智超等，2015）。价值量核算需要对资产进行估价，估价方式需要依据开发利用方式和资源属性来选择（贺义雄和勾维民，2015）。关于海洋资源资产核算，也有学者针对其他方面进行了研究，马仁锋等（2018）认为海洋资源资产核算的内容包括自身发展变化指数。姜旭朝等（2016）提出海洋资源资产的核算需要进行权益核算，权益核算是通过建立海洋权益资产负债表来实现的。曹艳（2020）在科技创新评价与考核指标方面对海洋经济核算体系进行了完善，为海洋经济核算体系提供了规范化研究范式。

目前对海洋资源负债概念界定有两种观点：一种观点认为，海洋资源负债这种不良后果就是由人们对海洋资源没有尽头地利用导致的，包括资源过度消耗、环境破坏和生态破坏等（李彦平等，2018）；另一种观点认为，海洋资源资产负债是指为补偿对自然资源的损害或生态环境的实物量和价值的破坏和消耗，以及为获取和保护海洋资源资产的价值而承担的负债（付秀梅等，2017）。蒋洪强（2014）认为海洋资源负债的核算包括两部分，一部分是要核算改善环境质量的效益，另一部分是要核算生态保护的效益。而且核算的维度分为定性和定量两个维度，结合海洋资源资产的两个维度来反映其整体状况（贺义雄等，2018）。李彦平等（2018）提出，海洋资源负债的核算应满足两个条件：负债存在；负债的价值能够可靠地计量。付秀梅等（2017）在对海洋资产负债的考察中加入"应付成本"，使得关于海洋生物资源负债的定义更加完善，对于负债列项的反映也更加全面。李宪翔（2019）认为在对海洋资源生态环境补偿时，海洋资源资产负债的主体应为海洋整个生态系统，海洋负债价值化核算的计算方法主要有重置成本法、收益还原法、市场价值法、间接估值法和建模估算方法（王涛等，2018）。

海洋资源资产负债表的编制对于推进海洋经济的统计核算至关重要，但国内外尚未制定出权威一致的理论框架和编制方法。荷兰和芬兰等国家为了完善海洋资源开发利用的综合管理体系，正在积极规划海洋生态系统账户（Lai et al.，2018）。海洋资源资产负债表的编制模式有很多，根据类型和结构，分为嵌入式报表、独立式报表和合并式报表等模式（Wang et al.，2018）。根据海洋资源资产负债核算方法，在编制海洋资源资产和负债实物量表时，可以通过在合并前引入预分类程序、"存量先于流量"的统计原则和"实物先于价值"的核算方法等方式进行优化（贺义雄等，2018）。环境与经济综合核算体系和国民经济核算体系作为国际上认可度最高的自然资源核算体系和国家资产负债表编制体系，也是海洋资产负债表编制的重要参考标准（易爱军和商思争，2016）。由于海洋资源与陆地资源不同，其具有季节性、流动性、潜伏性、复杂性、陆源性等显著特征，所以海洋资源的调查监测和统计核算比其他自然资源更加困难（赖敏，2020）。此外，海洋资源资产负债表的编制会因不成熟的自然资源和环境货币计量条件，不好具体执行（李宪翔等，2019）。各国也很难就核算项目范畴、分类、方法方面制定共同标准，因此，在编制海洋资源资产负债表时，产权的定义、计算价值量的技术方法以及要素的组成仍然存在争议。

7.2 海洋生物的核算

海洋生物资源是海洋资源的重要组成部分，在维持海洋环境的生态平衡以及保障生态安全上发挥着重要作用（付秀梅等，2018）。但是近些年来，有些地区为了过度追求经济效益而使得海洋生物资源被过度开采、海洋环境被严重破坏。在海洋生物资源可持续性面临严峻挑战、亟须海洋资源管理的现状下，海洋生物资源资产负债表的编制至关重要。

7.2.1 海洋生物的基本特性

7.2.1.1 生物资源具有再生性

与矿产资源不可再生不同，生物资源在一定的自然和人力条件下进行繁殖更新，从而可以源源不断地为人类所用。这启示本书在报表的编制过程中，既要统计期初存在的生物资源，也要核算在会计期间生物资源自然增长与死亡以及人为繁殖中增加的部分。

7.2.1.2 用途的多样性和未知性

海洋生物资源用途的多样性和未知性是由基因的多样性与物种的多样性决定的。同一种生物既可以作为食材、药材等实现其经济效益,又可以作为实验室中的实验原料进行基因序列研究和新种培育,也可以作为标本和海洋馆中的展览品实现其观赏价值。用途的多样性决定了该种生物资源并非以简单的市场价格来衡量,也要考虑该生物的研究价值、观赏价值等其他难以用价格进行衡量的价值。还有一些生物资源并没有为人类开发利用而创造收益,但其本身的存在就体现了其基因价值。另外,由于一些珍稀物种无法进行买卖,其价值衡量也为报表的编制增加了困难。

7.2.1.3 生物资源具有流动性

海洋动物资源自身运动会为该区域该种生物的数量确定造成困难,再加上海洋内部水流不稳定,从而影响生物数量的确定。海洋植物的种子也会因为海水的流动,另外,海洋灾害等非人类行为事件的发生而改变生物活动。因此,在编制报表时,每期报表存量的确定要取相同且固定的时点,数量的变化也要对其影响因素作出说明。

7.2.1.4 生物资源的获取具有时间性

不同的生物其获取有用物质的事件不同,其活跃数量和出没时间也不同,本身探测的数量也会因时间的变化而有所差异,这就启示本书要根据生物的种类确定合适的时点,并将此时点固定下去,以便进行不同年份的比较。

7.2.2 资产负债的核算过程

首先,制定一个海洋资源的实物量表,其中,实物量表中包含海洋经济生物和海洋濒危生物;其次,对海洋资源的实物量进行会计处理,编制一份海洋资源的价值量表,并将两个表结合起来,形成一份资产负债表。

7.2.2.1 实物量表

由于资源的价值量会根据市场价值不断变化,所涉及的资源的实物量变化就无法体现出来,难以保持查清我国自然资源情况这一自然资源资产负债表的编制初衷,所以本书要进行实物量的核算。同时,实物量的准确核算也有利于价值量的准确判断。在具体核算过程中，可以采用样方法和标志重捕法。

根据资源的主要使用功能不同，本书将海洋生物资源的实物量表分为海洋经济生物和其他生物、海洋濒危生物两部分，其中两者又可以划分为动物、植物和微生物三个部分。考虑到生物资源的可再生属性，其期末存量等于起初存量加上增加量减去减少量。

7.2.2.2 资产和负债的划分

根据财务报表中资产负债表的含义，负债和净资产是钱从哪里来的，而资产是钱花在了哪里（邱琳等，2019）。类比这个含义，自然资源的资产负债表中的负债和净资产就可以分别划分为资源从哪里来、往何处去。对于海洋生物资源，简单来看，本书不妨以海洋中的鱼为例，如图 7-1 所示。这一个时点鱼是从何而来？一方面，是在这一年年初依然活着，并且是活到了这个时点还没死的鱼，另一方面是从年初以来出生的鱼减去死亡的鱼的净增量，这部分增量又可以划分为野生的增量和人工养殖的增量。那这些鱼又去往哪里呢？一方面，是留到下一年继续生长，另一方面是被人们利用。

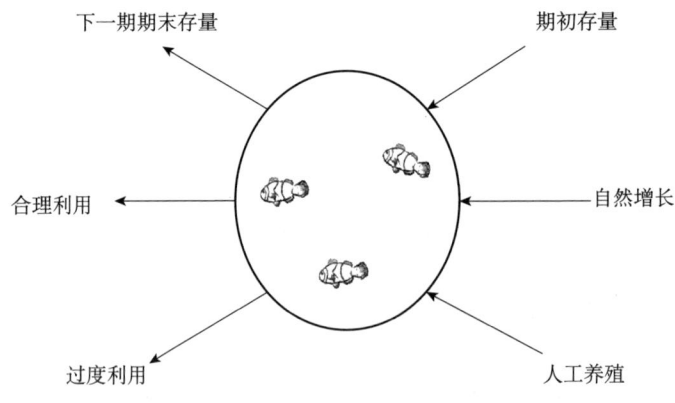

图 7-1 鱼的来去关系

通过这一分析，本书可以将净增长量和期初存量划分为负债和净资产，利用量和期末存量划分为资产。根据净增长量的来源，本书可以将自然增长量划分为负债，表示本书对自然的负债，将人工增量划分为净资产，以表示人类对于资源增长量所作出的努力。期初存量 + 增加量 – 减少量 = 期末存量（洪宇，2018）；等号变换后，期初存量 + 增加量 = 期末存量 + 减少量，故满足"资产 = 负债 + 净资产"这一会计恒等式。其划分形式如表 7-1 所示。

表 7-1 资产负债表样例

资产	负债
末期存量	自然增长量
	出生量
合理利用量	死亡量
	净资产
过度利用量	人工养殖量
	初期存量
总资产	负债和净资产总量

与财务报表有所不同的是，企业的财务报表是对存量的刻画，而本处则是对流量的表征。这一点是符合本书建立报表的初衷的，本书编制海洋资源的资产负债表一方面是为了摸清海洋资源的家底，在本书所编制的报表中，资产这一项可以表征该地区对于生物资源的实际控制量，即期末存量可以表示未来生物资源可以利用的潜能，而利用量可以表示过去实际应用的可以创造收益的生物资源。资产数值大小的变动可以表现出一个地区生物资源增减状况。而负债这一项可以看出在生物资源自然状况下，即在没有人为参与的情况下所释放的潜能，继而可以表现出该地区自然环境的优劣，净资产则是表示人类行为对于生物资源增加所作出的贡献，也能表现出该地区人们对于资源增长所作出的努力。另一方面是为了对领导干部进行离任审计。资产这一项中包括合理利用和过度利用这些科目，可以清楚地反映出资源的利用情况，同时，也能反映出领导干部有没有通过牺牲资源来促进经济发展这一现象。

7.2.3 其他经济生物的核算

7.2.3.1 实物核算

海洋经济生物的增加分为自然增长、人工养殖、重估增长三种方式。自然增长主要指在没有人工参与的情况下生物通过野生自然出生减去自然死亡的部分，人工养殖主要指通过人工实现野生动植物繁育增殖的部分，重估增加主要指对以往评估过程中误差修正增加的部分。海洋经济生物的减少主要是由于合理利用、海洋灾害的影响、重估减少三个方面，合理利用主要指在满足资源可持续利用的情况下为创造经济效益利用的部分,海洋灾害主要指海洋自然环境激变引致海洋生物量减少;重估减少主要指对以往评估过程中误差修正减少的部分。具体如表7-2所示。

表7-2　　　　　　　　　　某种生物的实物量表

项目	数量
期初存量	
增加量	
自然增长	
人工养殖	
重估增加	
减少量	
合理利用	
海洋灾害	
重估减少	
期末存量	

7.2.3.2　价值量度量

由于生物的价值具有多样性,用价格来替代价值虽然在操作上相对简便,但不能全面地衡量生物的价值。生物的价值主要包括经济、生态、文化以及其他价值,价格只是经济价值的一部分,还包括另外的食用、药用、工业原料价值(陈尚等,2010)。

经济价值主要包括食用、药用、工业原料价值三个方面。经济价值是目前海洋生物最主要的价值。食用价值主要体现在海鲜产品上,其价值主要体现在其营养价值上,这是人们接触最多,也最容易被过度利用的价值。海洋不仅是人类重要的食物来源,也是珍贵的医学宝库。据记载,《中药大辞典》(1977)展示了144种海洋药物的价值。海洋天然药物发源丰富,多用于抗癌活性研究,还在抗菌、神经生长、治疗心血管疾病等领域有所贡献。目前,我国有22种海洋类单药,还有152种与其他药物联合制成的复方中成药。很多作为日常食材的海洋生物也蕴含着丰富的药用价值,比如高碘含量的海带除了用于治疗甲状腺肿大,从中提取的海藻酸还可以抑制肾上腺素能,从而成为新型降压药,其淀粉的衍生物还在抗凝血方面发挥重要作用,因此,可以预防血栓。一些海洋生物也可以作为工业原料，褐藻中的藻朊酸盐和海藻中提取的化学物质可用于化学、纺织、食品加工，前者常被用作雪糕、甜点以及酒类的澄清剂。从红藻石花菜中提取琼脂，可以对塑形要求高的物品如罐头填充物、糖果凝固剂等进行加工。从海带中提取的碘可制作火箭染料的添加剂和人工降雨的催化剂碘化银，以及用于人工革、橡胶、染料、冶金制造方面。用甲壳类动物的甲壳胺提取物制成的人造皮肤在促进伤口愈合方面表现出色。乌贼墨汁也是著名的画材。由于甲壳类提取物可治疗各类创伤，因此，用于制作人工皮肤。以墨鱼墨汁为原料的墨水在画材界具有很好的口碑。含有碳酸钙的贝壳可制造水泥、燃烧石灰和提取镁矿石。经济价值可以由市场来衡量，其数值体现就是价格。

生态价值包括大气改善、气候调节、废物处理、生物控制、干扰调节等（王晨等，2017）。全球大气中不断上升的二氧化碳增加了海洋表面2%的碳浓度，但与深水不同的是，由于浮游植物的吸收、捕食和钙质骨骼下沉等"生物泵"作用，二氧化碳含量的升高得以控制。设想一下，海洋浮游植物灭绝，因为海洋环流和深海水上返水表，大气中的二氧化碳含量会以极快的速度达到当前浓度的2~3倍。一些促进生物多样性的群落，如海藻、珊瑚礁，还是重要食物网的组成部分。除此之外，它们也可以抵御一定的风暴潮及狂浪的影响，还有利于造陆。文化价值主要包括休闲娱乐、文化用途等。海洋生物也是传播海洋文化、了解海洋旅游需求的重要载体。此外，深海生物的多样性、复杂性和特殊性也被公认为未来重要的基因资源来源地。

生态价值、文化价值以及其他价值虽然不易衡量，但这是衡量绿色发展的重要指标。这部分价值的变动伸缩空间大，很容易受到外部的压力，所以这部分的衡量应当综合考虑专家和群众的意见，保持合理性、独立性、客观性和统一性。

具体核算方式如下：

$$V_T = V_{ec} + V_{en} + V_c + V_o \quad (7-1)$$

其中，V_T是该物种的总价值；V_{ec}是该物种的经济价值；V_{en}是该物种的生态价值；V_c是该物种的文化价值；V_o是该物种的其他价值。这四种价值又可以根据上述论述细分为多种二级价值，其所包含的二级价值、价值表现以及核算方法如表7-3所示。

表 7–3　　　　　　　　海洋生物价值指标、价值表现及核算方法

一级价值	二级价值	价值表现	核算方法
经济价值	食用	海鲜产品 植物食品	$V_{ec} = \sum P_i \cdot Q_i$ 其中，V_{ec} 为生物的经济价值；P_i 为第 i 种生物的价格；Q_i 为第 i 种生物的数量
	药用	药物原料 中药制品	
	原料	工业原料	
	饲料	饲料原料	
生态价值	气体调节	固碳 释氧	$V_q = \sum V_{O_2 i} + V_{CO_2 i}$ 其中，V_q 为生物气体调节的价值量；$V_{O_2 i}$ 为第 i 种生物释放氧气的价值量；$V_{CO_2 i}$ 为第 i 种生物吸收二氧化碳的价值量
	气候调节	调节温度 水分	$V_h = \sum V_{ti} + V_{wi}$ 其中，V_h 为生物气候调节的价值量；V_{ti} 为第 i 种生物对调节气候所贡献的价值量；V_{wi} 为第 i 种生物对调节湿度所贡献的价值量
	生物防治	以虫治虫	$V_f = \sum V_{fi} = \sum P_{fi} \cdot Q_i$ 其中，V_f 为生物气体调节的价值量；V_{fi} 为第 i 种生物对防止有害生物所贡献的价值量；P_{fi} 为第 i 种生物单位量对防止有害生物所贡献的价值量
	废物处理	海洋污染 净化	$V_j = \sum V_{ji} = \sum P_{ji} \cdot Q_i$ 其中，V_j 为生物在废物处理过程中贡献的价值量；V_{ji} 为第 i 种生物对海洋污染净化所贡献的价值量；P_{ji} 为第 i 种生物单位量对海洋污染净化所贡献的价值量
	干扰调节	海洋噪声 的调节等	$V_g = \sum V_{gi}$ 其中，V_g 为生物在废物处理过程中贡献的价值量；V_{gi} 为第 i 种生物对干扰调节所贡献的价值量
文化价值	休闲娱乐	旅游休闲	$V_x = \sum V_{xi}$ 其中，V_x 为生物休闲娱乐价值量；V_{xi} 为第 i 种生物对休闲娱乐所贡献的价值量
	文化用途	制作标本 参与展览	$V_{cu} = \sum V_{cui}$ 其中，V_{cu} 为生物文化用途价值量；V_{cui} 为第 i 种生物的文化用途价值量
	科研价值	基因价值 开发价值	$V_{re} = \sum V_{gei} + V_{poi}$ 其中，V_{re} 为生物的科研价值；V_{gei} 为第 i 种生物的基因价值；V_{poi} 为第 i 种生物的潜在开发价值

7.2.3.3 资产负债表分表构建

海洋经济生物和其他生物资产负债表如表7-4所示。

表7-4 海洋经济生物和其他生物资产负债表

资产			负债		
期末存量			自然增长量		
	实物量	价值量		实物量	价值量
海洋植物			海洋植物		
海洋动物			海洋动物		
海洋微生物			海洋微生物		
合理利用			净资产		
	实物量	价值量	人工养殖		
海洋植物				实物量	价值量
海洋动物			海洋植物		
海洋微生物			海洋动物		
过度利用			海洋微生物		
	实物量	价值量	期初存量		
海洋植物				实物量	价值量
海洋动物			海洋植物		
海洋微生物			海洋动物		
重估减少			海洋微生物		
	实物量	价值量	重估增加		
海洋植物				实物量	价值量
海洋动物			海洋植物		
海洋微生物			海洋动物		
资产合计			海洋微生物		
			负债和净资产合计		

7.3 海洋濒危生物的核算

7.3.1 实物量核算

根据世界自然保护联盟公布的《濒危物种红色名录》,由于濒危物种的数量较少,核算精度要求较高,数量的细微变动可能影响重大,故本书将其单列出来进行核算。其在增加量和减少量的核算中与经济生物有细微的差别。在经济生物的核算中,增加量中自然增长的部分是指出生多于死亡的部分,而考虑到濒危生物本身数量较少以及更好地对其进行保护,本书将增加量中自然增长替换成自然出生,相应地,本书在减少量中设置自然死亡这一项。对于濒危生物,本书更应该注重保护而非利用,所以在减少量的核算中并没有"合理利用"这一项。具体核算如表 7-5 所示。

表 7-5　　　　　　　　　海洋濒危生物资源资产实物量表

项目	数量
期初存量	
增加量	
自然增长	
人工养殖	
重估增加	
减少量	
自然死亡	
海洋灾害	
重估减少	
期末存量	

7.3.2　价值量核算

濒危物种的价值也可以分为经济价值、生态价值、文化价值和其他价值(王辉龙,2017)。经济价值主要体现在一些濒危生物具有食用和药用的价值,生态价值主要体现在其对于食物链的稳定上,文化价值主要体现在濒危生物的基因价值上。

濒危生物可以分为野生濒危生物和异地保护的濒危生物。大多数海洋野生濒危生物主要是海洋动物,由于其数量有限,存量难以准确确定,同时,濒危生物资源不允许进行交易,所以其经济价值很难确定,本书只对其生态价值和文化价值进行核算。异地保护的濒危生物可以采用异地保护成本法对濒危生物的经济价值进行核算。濒危生物的价值核算表如表 7-6 所示。

表7-6　　　　　　　　　　　濒危生物的价值核算表

一级指标	二级指标	含义	核算方法
经济价值	环境成本	对濒危生物进行异地保护所提供环境花费的成本,如环境内温度、湿度的控制,房屋的租金	$C_{en} = \sum C_{eni}$ C_{en}为生物的环境成本,C_{eni}为第i种生物所占用的环境成本
	人工成本	对生物进行饲养或培育所付出的劳动力成本	$C_l = \sum C_{li}$ C_l为生物的人工成本,C_{li}为第i种生物所占用的人工成本
	营养成本	生物生长所需要的饲料和营养液的成本	$C_n = \sum C_{ni}$ C_n为生物的营养成本,C_{ni}为第i种生物所使用的营养成本
生态价值	平衡食物关系	生物对于食物链的稳定	由于其影响较大,需由专家论证决定
文化价值	休闲娱乐	生物的观赏价值	$V_x = \sum V_{xi}$ V_x为生物休闲娱乐价值量,V_{xi}为第i种生物对休闲娱乐所贡献的价值量
	文化用途	在历史和文化中所表现出的价值	$V_{cu} = \sum V_{cui}$ V_{cu}为生物文化用途价值量,V_{cui}为第i种生物的文化用途价值量
	科研价值	生物的基因价值和潜在价值	$V_{re} = \sum V_{gei} + V_{poi}$ V_{re}为生物的科研价值,V_{gei}为第i种生物的基因价值,V_{poi}为第i种生物的潜在开发价值

7.3.3　资产负债表分表构建

海洋濒危生物资产负债表如表7-7所示。

表7-7　　　　　　　　　　　海洋濒危生物资产负债表

资产			负债		
2021年12月31日存量			野生增长量		
	实物量	价值量		实物量	价值量
濒危植物			濒危植物		
濒危动物			濒危动物		
濒危微生物			濒危微生物		

续表

资产			负债		
死亡量			净资产		
	实物量	价值量	人工养殖		
濒危植物				实物量	价值量
濒危动物			濒危植物		
濒危微生物			濒危动物		
过度利用			濒危微生物		
	实物量	价值量	2020年12月31日存量		
濒危植物				实物量	价值量
濒危动物			濒危植物		
濒危微生物			濒危动物		
重估减少			濒危微生物		
	实物量	价值量	重估增加		
濒危植物				实物量	价值量
濒危动物			濒危植物		
濒危微生物			濒危动物		
资产合计			濒危微生物		
			负债和净资产合计		

本节具体讨论了海洋生物资源的核算。本书将海洋生物分为经济生物、濒危生物和其他生物。其中，经济生物和其他生物的核算方法一致。首先，对海洋生物进行实物量核算，具体核算其期初存量、第二年期末存量、期间增加量、期间减少量。其次，通过所列出的指标对其进行价值量核算，主要包括经济价值、文化价值和生态价值。最后，综合实物量和价值量构建资产负债表。

7.4 矿产资源的核算

随着陆地矿产资源的日益减少，人们逐渐注重对海洋矿产资源的开采。经济的发展、科技的进步、人口的大量增长，使得人们对海洋资源的需求越来越大，对海洋资源的开采也越来越频繁。海洋矿产资源具有稀缺、不可再生等特点。因此，对海洋矿产资源进行资产负债核算和最优配置具有十分重要的意义。

7.4.1 矿产资源的资产属性

要对海洋矿产资源进行核算，进而编制资产负债表，海洋矿产资源应具备资产属性。按照我国《宪法》《民法典》和《矿产资源法》的规定，矿产资源为国家所有，不属于企业个体所有。但是，国家可以将采矿权的使用权无偿转让给企业，使其能够在使用权的范围内依法使用。

7.4.2 矿产资源的表单设计

7.4.2.1 资产负债的划分

对海洋矿产资源资产负债的确定，应与除海洋矿产资源以外的其他海洋资源的确定相一致，根据"期初存量+增加量–减少量=期末存量"这一等式可知，"期初存量+增加量=期末存量+减少量"恒成立（盛明泉和姚智毅，2016）。本书将期末存量和减少量作为资产端，表示矿产资源的去向，将期初存量和增加量作为负债和净资产端，表示矿产资源的来源，其中，将期初存量和增加量新发现的资源分布量定义为负债，将增加量中由于技术进步所增加的开采量作为净资产。由于矿产资源具有不可再生性，所以净资产中技术进步所增加的开采量可以看成是人们为资源的开发所作出的努力。

7.4.2.2 核算方式

海洋矿产资源的核算过程主要分三步：一是核算实物量，绘制矿产资源的实物量表；二是根据实物量表对矿产资源的价值进行评估，绘制矿产资源的价值量表；三是根据实物量表和价值量表对矿产资源的核算进行整合重构，绘制矿产资源的资产负债表（殷丽娟和许罕多，2020）。

（1）构建实物量表。矿产资源实物量的变动中，增加量主要包括发现新资源、技术进步所增加的开采量、重估增加等方面。发现新资源主要指发现该种矿产资源新的分布位置，比如发现了一座海洋油田；技术进步所增加的开采量主要指由于技术的提升原本无法进行开采的资源可以被开采出来，从而使可以被利用的资源存量得到增加；重估增加主要指由于统计误差等因素使当期存量的统计增加的调整。减少量主要包括资源的提取、灾难性的损失、重估减少三个方面。资源的提取指资源的开发利用，即应用于生产生活中的部分；灾难性的损失主要指由于开发技术不当使得资源浪费或由于自然灾害的爆发使得资源消失的部分;重估减少是指在统计过程中资源统计量减少的部分。具体如表7-8所示。

表7-8　　　　　　　　　某种海洋矿产资源实物量表

项目	数量
期初资源存量	
增加量	
发现新资源	
技术进步所增加的开采量	
重估增加	
合计	
减少量	
资源的提取	
灾难性的损失	
重估减少	
合计	
期末资源存量	

(2) 构建价值量表。根据 SEEA 2012 的分析框架,计算存在活跃市场的资源价值量的公式为价值量=实物量×单价,根据市场价格就可以具体核算出其价值,而其他资源则适用基于自然资源租金的净现值法 (NPV),其公式如下:

$$V_{ec} = \sum_{t=1}^{N} \frac{R}{(1+r)^t} \qquad (7-2)$$

其中,V_{ec} 为资源的经济价值;N 为自然资源的使用的年限;R 为自然资源租金;r 为折现率;t 为时间。

值得注意的是,海洋矿产资源在开发的过程中会对海洋环境造成一定程度的破坏,所以要考虑矿产资源的生态价值,其具体表现为对海水的污染价值和海洋生物的减少。

$$V_{en} = V_w + V_{bio} \qquad (7-3)$$

其中,V_{en} 为矿产资源的生态价值;V_w 为矿产开采过程中对海水的污染价值;V_{bio} 为造成海洋生物的减少价值。

某种矿产资源的价值为:

$$V_{\min} = V_{ec} - V_{en} \qquad (7-4)$$

根据实物量表进行价值测算,可以得到价值量表如表 7-9 所示。

表 7-9　　　　　　　　　某种矿产资源的价值量表

项目	经济价值	生态价值	总价值
期初资源存量			
增加量			
发现新资源			
技术进步所增加的开采量			
重估增加			
合计			
减少量			
资源的提取			
灾难性的损失			
重估减少			
合计			
期末资源存量			

(3) 资产负债表样例。根据以上分析,本书可以绘制矿产资源的资产负债表如表 7-10 所示。

表 7-10　　　　　　　　　某种矿产资源资产负债表

	实物量	价值量		实物量	价值量
资产			负债		
期末资源存量			期初资源存量		
资源的提取			发现新资源		
灾难性损失			重估增加		
重估减少			净资产		
			技术进步所增加的开采量		
合计			合计		

本节从矿产资源的特征出发,明确矿产资源的编制原则,在此基础上提出了矿产资源资产负债以及净资产的界定。与其他资源的核算方式一致,首先要编制海洋矿产资源的实物量表,在此基础上对价值量进行评估,获得价值量表,将两者综合起来,构建完整的海洋矿产资源资产负债表。

7.5 海岸线资源的核算

7.5.1 海岸线的界定与分类

7.5.1.1 海岸线概述

（1）海岸线定义。海岸线指海洋与陆地的分界线，不是物理空间中的一条固定的线，而是海陆作用的一条带状区域（佘彦霏等，2021）。海水能到达陆地的极限位置受不断变化的潮汐等作用的影响，因此，海岸线一直处于动态变化之中。近年来，随着人们对海洋资源认识以及对海洋资源开发的深入，海洋资源从过去的取之不尽、用之不竭变成日益减少的有限的资源。特别是海岸线资源，需要对其价值进行重新评估，以实现对海岸线资源的合理、有序利用。

（2）海岸线价值。海岸线的价值主要分为两个方面：一方面是外在价值，即经济价值；另一方面是内在价值，即是生态价值。海岸线的稀缺性带来了经济价值。随着对海岸线的开发程度越来越大，人们对海岸线的需求越来越多，海岸线的有限性与人们需求的无限性使得海岸线资源的价值越来越高。一些与海洋相关的产业对海岸线的依赖巨大，他们需要在海岸线附近建厂进行运营，以此减少运输成本。因此，将其运营地建立在海岸线附近能够较好地减少运输成本，节约运输时间，提高生产效率。

海岸线的内在价值，即生态价值。随着旅游业的发展，海岸线也逐渐成为满足人们休闲娱乐的重要地点。具体表现在拥有海岸线的地区其房产价格相对较高，并且拥有海岸线的地区近年来的旅游收入增速较高。另外，海岸线自带的污染物吸收、气体调节、水质净化等功能也对整个生态系统的调节起了重要作用，具有很大的价值。

7.5.1.2 海岸线分类

本书的目的在于将海洋资源的价值量统计在一张表上，为了更好地将海岸线的价值量化，更好地展现出不同功能海岸线给人们带来的具体价值，本书将根据海岸线的功能及用途来进行分。海岸线的主要九种功能、用途如下。

（1）渔业海岸线。渔业海岸线指用于渔业生产和重要渔业品种保护的海岸线。人们在此海岸线上建设相关基地、厂房，并从事渔业捕捞、养殖以及加工生产等经济活动。

（2）港口码头海岸线。港口码头海岸线指用于港口码头建设的海岸线。随着世界航运业的逐步发展以及国际贸易规模的扩展，港口逐渐发展起来。越来越多的自然岸线变成了港口岸线。

（3）临海工业海岸线。近年来，临海工业海岸线在我国快速发展。一般而言，此海岸线上会集聚工业企业群，其多为工业生产地域综合体。在海岸线上的工业企业能够利用海运优势向国外进口原材料，进行加工后再将加工后的产品进行出口到国外。

（4）旅游娱乐海岸线。旅游娱乐海岸线是指供旅游观光、休闲娱乐等的海岸线，包括被建设成为海边游乐场等休闲娱乐场所的海岸线。我国第三产业发展迅速，旅游人数逐年增长，人们对滨海旅游业的需求逐年旺盛。因此，越来越多的自然岸线被开发成为旅游娱乐海岸线。

（5）矿产能源海岸线。矿产能源海岸线是指通过开采石油和天然气资源等矿产资源、生产盐资源和开发矿产资源而形成的海岸线。随着陆地上的矿产资源逐渐枯竭，许多国家已经将矿产资源开发的目标转向海洋。在未来，对海洋矿产资源的开采需求会逐渐增加，同时，会有越来越多的海岸线被建设成为矿产能源海岸线。

（6）城镇海岸线。城镇海岸线指用于城镇等公共基础设施建设的海岸线。目前，随着滨海新区城市的不断涌现，城镇海岸线在空间上的分布面积也在逐渐增大。

（7）保护海岸线。保护海岸线指各类需要保护的海岸线。这些海岸线往往具有保护生物多样性、稳定生态系统等功能，具有较高的生态价值。

（8）特殊用途海岸线。特殊用途海岸线是指为其他特定用途而设置的海岸线，主要有防灾、军事、科研和教育方面的海岸线。

（9）未利用海岸线。未利用海岸线是指当前还未被开发利用并且在未来可能被开发利用的海岸线。近年来，人们对海岸线开发程度越来越大，现存未利用海岸线数量越来越少。虽然未利用海岸线没有直接的经济价值，但其仍然拥有生态价值、未来被开发的价值，所以仍应记录在海洋资源资产负债表上。

7.5.2 海岸线实物量与价值量核算

7.5.2.1 实物量核算

对于海洋资源资产负债表的编制而言,海岸线的实物量主要需要去测量海岸线的长度。海岸线的形态各异,有些海岸线是看起来像是直线,有些海岸线弯弯曲曲的,测量起来并不容易。根据查找的文献,本书考虑使用 LiDAR 技术的方法去测量海岸线的长度,具体方法为交叉海岸剖面法:先获取 LiDAR 点云数据,并对数据进行预处理,包括滤波分类和坐标转换,然后等间隔提取海岸剖面点,对剖面点进行拟合,形成海岸剖面,再根据精密潮汐模型进行特定潮汐基准面高程计算,与海岸剖面结合,形成 N 个剖面交点,将这些交点连接即可生成海岸线,然后便很容易获得海岸线的长度。

7.5.2.2 价值量核算

(1) 海岸线价值量核算方法。渔业、港口码头、临海工业、旅游娱乐、矿产能源、城镇、保护、特殊用途以及未利用海岸线九大类海岸线的共同点在于它们的价值都是受三方面的因素影响,具体为经济因素、自然因素、社会因素。比如,渔业海岸线的价值会受渔业海岸线所在地的经济情况的影响,也会受当地发生海洋灾害的频率等自然因素的影响,同时也会受当地政策的影响。因此,本书选择海岸线基准价格系数修正法,先设定一个基准价格,再分三个方面的修正系数对基准价格进行修正来计算海岸线的价值。

(2) 基准价格系数修正法介绍。基准价格系数修正法的首要任务是评估海岸线基准价格,通过对比的方式评估海岸线所处境况,比较其具体条件与所在区域的平均条件,并借助此差距确定相应的修正系数,从而对基准价格进行修正,得到不同时点海岸线价格的方法(李文君,2016)。它是由海岸线基准价格与海岸线长度以及各修正系数相乘得出的。这种方法可以将所有的因素都考虑进去,岸线的基准价格和长度是已知的,通过选择不同的影响因素来调整不同的海岸线价值。

(3) 海岸线价值评估公式。

$$P = \sum_{i=0}^{i} P_i \times L_i \times (1 + W_{ai}) \times (1 + W_{bi}) \times (1 + W_{ci}) \times W_j \quad (7-5)$$

$$W_{ai} = W_a \times \sum_{i,j}^{x}(R_i \times S_j) \qquad (7-6)$$

$$W_{bi} = W_b \times \sum_{i,j}^{y}(R_i \times S_j) \qquad (7-7)$$

$$W_{ci} = W_c \times \sum_{i,j}^{z}(R_i \times S_j) \qquad (7-8)$$

其中，字母含义如表7-11所示。

表7-11　　　　　　　　　海岸线物理量含义

字母	含义	单位
P	海岸线的总价值	元
P_i	海岸线的基准价格	元/m
L_i	海岸线的长度	m
W_j	估价期日等其他修正系数	—
W_{ai}	对应海岸线自然因素修正系数	—
W_{bi}	对应海岸线经济因素修正系数	—
W_{ci}	对应海岸线社会因素修正系数	—
W_a	对应海岸线自然因素权重	—
W_b	对应海岸线经济因素权重	—
W_c	对应海岸线社会因素权重	—
R_i	每个指标所占权重	—
S_j	为分级赋值的结果，取值范围为[0,1]	—

（4）海岸线价值量影响因子。影响海岸线价值的因素有很多，大致可以分为三种类型：自然、经济和社会。在这三个方面的基础上，本书选择了对海岸线价值有重要影响的几个因素，这些因素分别是海岸线属性、海岸线附近环境、海洋灾害频率、腹地经济状况、经济区位状况、海洋经济重视程度、政策因素（闫吉顺等，2019），并对这些影响因子进行赋值、取权重，最终求得的和作为海岸线价值的修正参数。

① 海岸线属性。海岸线本身拥有空间资源价值，对生态方面有着重要的调节作用。从总体上看，尚未被开发利用的海岸，其空间资源的价值最高，而已被开发利用的海岸，其空间资源的价值最低。随着人们对海洋开发越来越多，用海类型及用海结构都得到了扩充和完善。根据产业用海用途，将海岸线划分为9类。其中，未利用海岸线、保护海岸线人为开发程度最小，应具有最大的价值，而港口码头海岸线、临海工业海岸线对海岸线的开发力度较大，具有最小的空间

价值。因此，依据海岸线开发程度，可将海岸线划分为四类，分别为开发程度大、开发程度较大、开发程度较小、开发程度小。港口码头海岸线开发程度大，临海工业海岸线与矿产能源海岸线开发程度较大，城镇、旅游娱乐及渔业海岸线开发程度较小，保护海岸线、特殊用途海岸线、未利用海岸线开发程度小。

对不同属性的岸线赋值如表7-12所示。

表7-12　　　　　　　　　海岸线属性赋值表

开发程度	小	较小	较大	大
赋值	1	0.7	0.4	0.1

②海岸线附近环境。海岸线附近环境包括海岸线附近空气质量、海水水质等。一般而言，海岸线附近环境会决定这条海岸线多方面的经济价值以及生态价值。具体来说，可将海岸线附近环境带来的服务价值要素分为养殖供给、休闲娱乐经济价值以及氧气生产、气候调节、污染吸收等生态价值。海岸线附近环境越好，渔业养殖、旅游娱乐开发商就越愿意在此选址，对海岸线的需求增加，而海岸线资源有限，在海岸线的供给不变的情况下，海岸线价值自然会增加。同时，海岸线附近环境越好，那么其能带来的生态价值也越高，在评估海岸线价值时，利用影子工程法估计出来的价值就应该更高。指标的评判需要给定标准，根据海水水质、空气和大气污染物维度的国家标准，可分别将所测量的海岸线的这三个指标分为优、良、中、差四个标准，并对其进行赋值，如表7-13所示。

表7-13　　　　　　　　　海岸线分级标准赋值表

分级标准	优	良	中	差
赋值	1	0.8	0.3	0.1

这三方面的标准对于海岸线附近环境而言都是同等重要的，因此，它们的权数都为1/3。

③海洋灾害频率，是指在海上或海岸发生的自然灾害，常见的海洋灾害有海啸、赤潮等。而海洋灾害一旦发生，对海岸线上的各个产业会带来严重的危害，比如，一旦发生赤潮，鱼类会大量死亡，导致渔业的巨大损失；较大的海啸可能摧毁海岸线附近的建筑物，使得固定成本损失较大。因此，海洋灾害发生频率越低，则开发商更愿意将产业建立于此，因此，海岸线价值越高。将海洋灾害

频率分为少、中、多三个标准,并对其进行赋值,如表7-14所示。

表7-14　　　　　　　　　海洋灾害频率赋值表

海洋灾害频率	低	中	高
赋值	1	0.5	0.1

海洋灾害频率主要根据海洋灾害经济损失来赋值,中国海洋灾害公报会发布我国每年沿海省份的海洋灾害损失,以此为基础计算各省损失均值,并将本省损失与之进行比较,若处于各省直接经济损失的均值附近,则为中;若少于各省直接经济损失的均值,则为低;若多于各省直接经济损失的均值,则为高。

④ 腹地经济状况。主要以沿海各省的 GDP 总量来衡量,一般而言,经济越发达的地方,其海岸线价值也越高。因此,可将 GDP 总量最高的省的赋值取 1,而 GDP 总量最低的省的赋值取 0.1,其他省或直辖市的赋值按 $0.1 + 0.9 \times \frac{\text{所求省市 GDP}_{总量}}{\text{GDP}_{最大总量} - \text{GDP}_{最小总量}}$ 来求得其赋值。

⑤ 经济区位状况。区位是各要素高度积聚的地区,一般而言,区位会带来周边区域经济的发展。这里可用距离城市中心等繁华地带的远近来衡量区位状况。若距离城市中心越近,其交通越便利,人流量也越大,海岸线享受到繁华地带带来的优势也就越大,其被辐射带动的作用越大,说明经济区位优势就越强,则海岸线价值越高。可根据不同地方的海岸线离最近的繁华地带的距离求得平均值,若距离大于平均值,则其没有区位优势;若其略小于平均值,则其拥有较少的区位优势;若其远小于平均值,则其拥有很强的区位优势。将其分为没有优势、较少优势、较强优势三个标准,并对其进行赋值,如表7-15所示。

表7-15　　　　　　　　　区位优势赋值表

区位优势	较强优势	较少优势	没有优势
赋值	1	0.4	0.1

⑥ 海洋经济重视程度。如果一个地方非常重视海洋经济的发展,那么对海岸线等海洋资源的利用也会更加科学、有效。这可以从这个地区对区域规划的合理性以及海路发展的协调程度看出。如果有了一个好的区域规划,能够在保障资源合理使用的基础上得到更大的经济发展。陆海发展协调度是区域内陆域经济与海洋经济的耦合协调程度,若陆海发展协调度低,则意味着海洋经济与陆域经济

存在利益冲突，两者的发展产生矛盾；相反，若陆海发展协调度高，则说明陆域经济和海洋经济互为补充，互相支撑，可共同取得发展。一般而言，政府对海洋经济的重视程度越高，那么其对区域的规划会越合理，且海陆经济发展越协调，海岸线价值越高。可以根据以上两个标准将重视程度分为四个等级，如表 7-16 所示。

表 7-16　　　　　　　海洋经济重视程度分级标准赋值表

分级标准	非常重视	较为重视	不太重视	不重视
赋值	1	0.7	0.3	0.1

⑦ 政策因素。如果一个地区拥有较为宽松的使用海岸线的政策，那么在此进行生产的成本较低，从而会鼓励更多的生产商来此生产，带动经济发展。如果拥有较严厉的政策，则生产成本会因此提高，生产活动活跃度下降，带来的利益下降，因此，海岸线价值也降低。可以通过各地两两比较来判断政策的宽松程度，具体划分成三个等级，如表 7-17 所示。

表 7-17　　　　　　　政策因素分级标准赋值表

分级标准	宽松	一般	严厉
赋值	1	0.5	0.2

7.5.2.3　影响因子权重计算

怎样对影响因子的权重进行合理赋值是评估海岸线价值的关键，本书运用层次分析法对影响因素进行逐级分层，以此为基础进行权重计算（艾晓荣等，2012）。

将海岸线价值评估分解为三个层次，分别是目标层、准则层和方案层（见图 7-2）。准则层，即选择最合适的衡量海岸线资源价值的影响因素关键指标；准则层为分类影响因素，包括自然因素、经济因素、社会因素；方案层包含七个具体影响因素，分别为海岸线属性、岸线附近环境、海洋灾害频率、腹地经济状况、经济区位状况、海洋经济重视程度、政策因素。

（1）准则层影响因子权重计算。构造判断矩阵 O-C，将自然、经济和社会三大类因素进行两两比较，得到矩阵如表 7-18 所示。

第7章 海洋资源资产负债表的编制

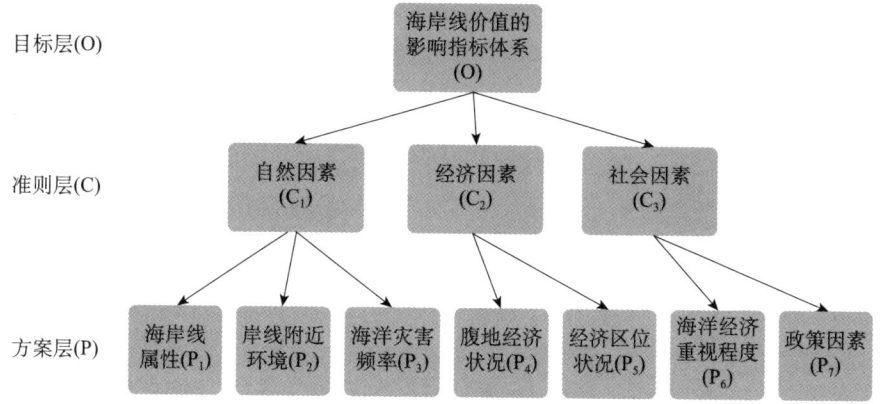

图7-2 海岸线影响因子

表7-18 准则层三因素矩阵

O	C_1	C_2	C_3
C_1	1.000 0	2.500 0	4.000 0
C_2	0.400 0	1.000 0	2.000 0
C_3	0.250 0	0.500 0	1.000 0

首先，计算一致性指标 CI，O-C 的特征值 $\lambda_{max}=3.0055$，根据公式 $CI=\frac{\lambda_{max}-n}{n-1}$ 可求得 $CI=0.00275$；其次，查找平均随机一致性指标 RI，由于 $n=3$，查表可知 $RI=0.52$；最后，计算一致性比例 CR，$CR=\frac{CI}{RI}=0.0053<0.1$，矩阵具有一致性（见表7-19）。

表7-19 RI部分数据

n	1	2	3	4	5	6	7	8
RI	0	0	0.52	0.89	1.12	1.26	1.36	1.41

（2）方案层影响因子权重计算。

① 构造判断矩阵 C_1-P，得到矩阵如表7-20所示。

表7-20 判断矩阵 C_1-P

O	P_1	P_2	P_3
P_1	1.000 0	0.500 0	2.000 0

续表

O	P_1	P_2	P_3
P_2	2.000 0	1.000 0	4.000 0
P_3	0.500 0	0.250 0	1.000 0

具体步骤与判断矩阵 O-C 相同。由上述矩阵计算可知，C_1-P 的特征值 $\lambda_{max}=3$，根据公式 $CI=\dfrac{\lambda_{max}-n}{n-1}$ 可求得 $CI=0$，进一步可知 $CR=0<0.1$，判断矩阵具有一致性。

② 构造判断矩阵 C_2-P，得到矩阵如表 7-21 所示。

表 7-21　　　　　　　　判断矩阵 C_2-P

O	P_4	P_5
P_4	1.000 0	4.000 0
P_5	0.250 0	1.000 0

具体步骤与判断矩阵 C_1-P 相同。由上述矩阵计算可知，C_2-P 的特征值 $\lambda_{max}=2$，根据公式 $CI=\dfrac{\lambda_{max}-n}{n-1}$ 可求得 $CI=0$，进一步可知 $CR=0<0.1$，判断矩阵具有一致性。

③ 构造判断矩阵 C_3-P，得到矩阵如表 7-22 所示。

表 7-22　　　　　　　　判断矩阵 C_3-P

O	P_6	P_7
P_6	1.000 0	3.000 0
P_7	0.333 3	1.000 0

具体步骤与判断矩阵 C_1-P 相同。由上述矩阵计算可知，C_3-P 的特征值 $\lambda_{max}=2$，根据公式 $CI=\dfrac{\lambda_{max}-n}{n-1}$ 可求得 $CI=0$，进一步可知 $CR=0<0.1$，判断矩阵具有一致性。

根据特征值法求权重，通过 Matlab 计算得到结果如表 7-23 所示。

表 7-23　　　　　　　　影响因子权重

影响因子	P_1	P_2	P_3	P_4	P_5	P_6	P_7
权重	0.285 7	0.571 4	0.142 9	0.8	0.2	0.75	0.25

(3) 总的影响因子权重。根据上述信息，本书可以算出每个影响因素所占的总权重，结果如表 7-24 所示。

表 7-24　　　　　　　　　　　影响因子总权重

评价指标	总权重
海岸线属性	0.171 791
岸线附近环境	0.343 583
海洋灾害频率	0.085 926
腹地经济状况	0.207 28
经济区位状况	0.051 82
海洋经济重视程度	0.104 7
政策因素	0.034 9

7.5.3　海岸线资产负债实物量账户界定

7.5.3.1　海岸线资产实物量账户界定

结合全书对海洋资源资产的定义以及海岸线本身的特征，本书将海岸线的资产部分设定为四个账户，分别为合理利用、过度利用、调整账户、存量账户。合理利用以及过度利用账户是根据海岸线的利用程度对海岸线本身属性影响的程度来划分。在实际操作中，测量技术仍然不太完善，测量结果有误差。同时，现实环境中存在着许多不可控因素，这些因素会导致海岸线资源的正常增加或减少。因此，在资产账户中增加一个调整账户进行及时调整。除此之外，海岸线有许多资源并未在此记录期间被利用，但其仍然存在价值，可能在未来被利用。因此，设定一个存量账户将未被利用的资源量化。

7.5.3.2　海岸线负债与净资产实物量账户界定

结合全书对海洋资源负债与净资产的定义以及海岸线本身的特征，本书将海岸线的负债部分设定为自然增减、结余存量两个账户，将海岸线的净资产的部分设定为人工增减、调整账户两个账户。负债与净资产在会计中的概念可以简单地理解为"钱从哪儿来"，但负债一般是来源于外部的借款，而净资产一般是来源于内部资金。若将大自然抽象为人，则上个周期的海岸线的结余存量更像是从大自然那里借来的资源。同时，由于自然因素导致的海岸线资源的增加或减少也应记录在自然增加的项目中。而净资产是记录在此期间由于人的行为带来的资源增加或减少。比如，修筑一条人工海岸线则应记录在净资产项目中的人工增加账户中，而如果是由于人的行为带来了海岸线的不可逆转的破坏，也应记录在净资产的人工减少账户中。同时，与资产相对应，设置一个调整项目来对测量中的误差进行修正，同时使得资产负债表两边平衡。

7.5.4 海岸线资产负债表

7.5.4.1 海岸线实物量表

（1）海岸线资源资产实物量表（见表7-25）。

表7-25　　　　　　　　　　海岸线资源资产实物量表

项目	渔业海岸线	港口码头海岸线	……	特殊用途海岸线	未利用海岸线
期初存量					
合理利用					
过度利用					
调整账户					

（2）海岸线资源负债实物量表（见表7-26）。

表7-26　　　　　　　　　　海岸线资源负债实物量表

项目	渔业海岸线	港口码头海岸线	……	特殊用途海岸线	未利用海岸线
结余存量					
自然增减					

（3）海岸线资源净资产实物量表（见表7-27）。

表7-27　　　　　　　　　　海岸线资源净资产实物量表

项目	渔业海岸线	港口码头海岸线	……	特殊用途海岸线	未利用海岸线
人工增减					
调整账户					

7.5.4.2 海岸线价值量表

本书利用基准价格系数修正法将海岸线的实物量转化为价值量，其求出的价值是一个最终值，不能反映出其价值具体来自哪个方面。因此，本书中海岸线资源资产负债价值量表直接通过测量期初的价值量与期末的价值量,再从中推出一个统计周期中的价值量的增减量。

海岸线资源资产价值量表如表7-28所示。

表7-28　　　　　　　　　海岸线资源资产价值量表

项目	渔业海岸线	港口码头海岸线	……	特殊用途海岸线	未利用海岸线
期初价值量					
增减价值量					
期末价值量					

7.6　湿地资源的核算

7.6.1　湿地资源资产负债表编制原则

编制资产负债表的前提是明确编制的基本原则,对相应概念和内容进行准确界定。根据传统的会计和财务管理知识可知,资产负债表的编制需满足一定的假设条件,政府主体、可持续发展、价值计量以及会计周期作为四项基本原则,对资产负债表的合理编制至关重要。同时,湿地资源作为一种特殊的海洋资源,其资产负债表的编制需具备相应特性。

7.6.1.1　政府主体原则

行政区域内的自然资源由行政区域享有所有权和管理权。不同种类的自然资源由不同的政府部门进行管理,将资源按特性与区划内各行政职能部门挂钩,才能充分发挥政府主体作用。以我国海洋资源为例,我国政府拥有海域管辖权,海洋资源的产权属于国家,通过国家垄断的形式,借助国家强制性力量,可有效确保海洋资源安全,实现海洋资源收益最大化,从而间接维护国家安全。湿地资源作为一种海洋资源,其资产负债表对应的会计对象为其对应的政府管理部门。

7.6.1.2　可持续发展原则

自然资源具有可耗竭性,使用就意味着减少。目前开发利用的自然资源多数为不可再生资源,湿地资源也不例外。为了避免对湿地资源的过度开发,防止出现资源短缺问题,进而影响海洋经济发展,必须将可持续发展纳入资源资产负债表的编制原则中重点考虑。湿地资源作为自然资源中较为特殊的一类，部分是可再生的，但缺乏统一规划、持续粗放低效的开发活动会使这部分可再生湿地资源遭到严重破坏，阻碍了湿地资源的可持续利用。所以，湿地资源的资产负债表的编制应根据我国湿地资源的实际利用情况因地制宜开展，切实将可持续发展原则体现在资源负债表的统计核算指标以及融入资产负债表的整个编制过程中。

7.6.1.3 价值计量原则

价值计量原则的核心是实物量与价值量的相互转换，两种核算方式的共同发挥作用以准确核算湿地资源所对应的生态价值。在具体的核算过程中，市场机制是价值核算评估的重要途径，可将湿地资源看作一项市场交易商品，借助全面的统计技术和统计方法，获得湿地资源的实物量相关数据，再通过科学方法对实物量与价值量的转换比率进行计算，以此为基础对实物量对应的价值量进行有效估算。海洋经济的兴起伴随着海洋强国战略的实施，其发展历程较短，相对其他自然资源，海洋资源尚未形成成熟完善的资源交易市场，立法及行政管理仍存在不少缺陷，因此，其市场价格波动较大、不具有稳定性。湿地资源作为海洋资源的代表资源之一同样如此。因此，在编制湿地资源资产负债表时，应根据其自身特性，利用生产率、人力成本、替代产品等客观方法进行估值或采取意愿调查等主观方法估算。综合来看，湿地资源资产的核算应在价值量核算为主导的前提下实现实物量与价值量的统一，先统计实物量，再转化为价值量，以此反映海洋资源资产负债的核算内容。

7.6.1.4 会计分期原则

湿地兼具自然属性和社会属性。所谓自然属性，即它从自然中产生并被获取，所谓社会属性，即它的开发利用由政府主导。以两种属性的概念为基础可衍生出自然周期和管理周期，湿地资源资产负债表的编制的会计分期由此而来。从自然资源的角度出发，湿地资源资产负债表的会计分期可以根据其再生周期展开；从政府离任审计的角度出发，可以将地方政府的任期作为会计分期的时间界限，编制湿地资产负债表。第一种是自然周期分期，它是将湿地资源的天然属性作为观察指标来划分阶段，能够更精确、更合理地反映出湿地资源的生成、开发和利用状况；第二种是管理周期分期，以湿地资源的社会属性为观察点，可以更为真实地展现地方政府领导在其上任期间对管辖区域内湿地资源资产的开发利用状况及资源损耗情况,将资源生态纳入地方官员考核指标,有利于对各级政府领导进行更为全面的任职摸排和离职考核。

7.6.2 变量选取及核算方法

7.6.2.1 实物量选取及获取方法

湿地资源资产实物量核算是一个连续统计过程,其核算对象是我国现存的湿地资源,要求统计数据精确严谨、真实有效。进行湿地资源实物量核算是我国生态文明建设和海洋经济高质量发展的必然要求,目的是对各区域内的湿地资源在特定时刻的存量、在某时间段内的流量及资产变化情况有一个大体全面的了解和把握(Cheng et al., 2022)。实物量核算以实物的物理单位来计量,以湿地资源为例,湿地面积是主要统计指标,计量单位以公顷和平方千米为主,核算基础为各行政职能部门的一手统计数据,海洋湿地资源资产负债表的编制也以此数据为基础。

湿地资源本身的资源特性导致其资产核算过程具有复杂性(张卫民等,2017),先以功能分类为具体标准,再对不同功能下的不同生态及其他作用进行统计核算。湿地资源具有多功能性,在经济、生态、文化等方面作用显著。具体来说,丰富的湿地资源可以调节大气环流和复杂气候,净化污染水质并涵养水源,支撑营养循环并保护生物多样性,提供物品生产原料和旅游科研场所等(Ye & Sun, 2021)。归纳来说,湿地资源的功能可分为调节、支持、供给和文化功能四大类,本书以此作为湿地功能的分类标准获取基础统计数据,以便展开湿地资源资产的核算。

通过查阅文献,综合比较各个学者对湿地资源的分类,可采用抽样调查法、市场调研法、文献调研法、实地调查法来获取。

(1)抽样调查法。所谓抽样调查法,是从总体样本中抽取部分样本进行统计分析,并用部分样本的数量特征推断总体样本的数量特征。其优点是节省成本,不用调查大量个体;缺点是必须针对样本特征设置合适的抽样方式,否则可能偏离总体特征。

(2)市场调研法。市场调研法指对湿地生态系统相关产品及服务进行市场调研,根据实际的资源供求状况进行市场分析,明确其直接价值和间接价值,探究湿地生态系统包含的无形生态资源及服务所具备的市场价值。其优点是评估比较客观,具有一定可信度;缺点是数据必须要充分全面才能体现实际情况。

(3) 文献调研法。文献调研法是指通过网络和报刊等多种手段全面收集文献,并对相应文献进行阅读鉴赏及分类整理,通过对经典文献的深入分析与探讨,形成对事实的科学认识的方法。其优点是具有科学性、权威性、前沿性,且成本比较低;缺点是缺乏实践性,可能缺乏实际应用,不具备可操作性。

(4) 实地调查法。凭借到现场调查、记录现场情况,通过调研、走访,明确当地有关部门生态系统某一数据的具体意见,询问有关人员情况并记录下来。其优点是较为权威;缺点是时效性可能略不足,且可以获得的数据有限。

以下实物量用来进行价值量核算,其含义及获取方法如表 7-29 所示。

表 7-29　　　　　　　　　　实物量汇总表

编号	实物量	含义	获取方法
1	Q_{ac}	固碳量	抽样调查法
2	P_{ac}	造林成本价格	市场调研法
3	Q_{ao}	释氧量	抽样调查法
4	P_{ao}	工业制氧价格	市场调研法
5	P_i	单位体积水汽调节气候的价值	文献调研法
6	WE	保护区湿地水汽蒸发量	抽样调查法
7	WT	保护区湿地植被水汽蒸腾量	抽样调查法
8	A	校正系数,保护区湿地与地带性林区干旱指数的比值	文献调研法
9	S_i	研究第 i 类湿地的面积	实地调查法
10	L_{pi}	第 i 类湿地削减 P 的量	抽样调查法
11	L_{Ni}	第 i 类湿地削减 N 的量	抽样调查法
12	F_p	除去水中 P 的成本	市场调研法
13	F_N	除去水中 N 的成本	市场调研法
14	X	湿地常水位蓄水总量	实地调查法

7.6.2.2　核算方法

湿地的类型主要有海洋、河口、江河湖泊、沼泽和人造水面等。湿地的内涵,从狭义上是指地表湿润或者地面经常积水、生长湿地植物的地区(马煜曦等,2020)。本书基于湿地生态系统的特点,沿袭过往学者研究,将湿地生态系统功能划分为供给、支持、调节及文化四种功能,并细分为九个具体作用,提出对应价值评估方法，从而进行核算（王娇月等，2021）。最终从资源环境经济学角度出发，确定湿地资源资产负债价值量的计量采用造林成本法、工业制氧法、成本替代法、修正系数法、生物库养分持留法、市场价值法、收益法等计量方法。具体对应关系如表7-30所示。

表7-30　　　　　　　　　湿地核算指标及其评估方法

项目	具体作用	价值评估方法
调节功能	大气调节	造林成本法、工业制氧法
	气候调节	修正系数法
	水质净化	成本替代法
	涵养水源	影子工程法
支持功能	生物多样性维持	成果参照法
	营养循环	生物库养分持留法
供给功能	物质生产	市场价值法
文化功能	科研文化	成果参照法
	旅游文化	收益法

7.6.3　评价指标体系构建

湿地资源资产核算体系主要包括以下三方面的内容。

一是进行实物量核算，进行自然资源产品和服务功能核算。产品核算主要是统计单位时间内基于湿地自然资源产出的产品产量，服务功能核算主要是核算生态调节功能和生态文化功能。

二是进行价值量核算，以转化关系为基础，以实物与货币两种计量方法对湿地资源资产进行会计处理，并针对不同的自然资源功能建立相应的价格计算方法。

三是湿地资源资产价值核算，在准确核算湿地资源实物量和货币量的基础上对湿地资源的总经济价值进行核算。

7.6.3.1　调节功能

湿地生态系统的调控作用是其中最重要的一种，它与人们的日常生活密切相关，是一种通过自我调控来维护生态平衡的功能，具体可分为四个部分：大气调节、气候调节、水质净化和涵养水源。

(1) 大气调节。大气调节功能主要是指湿地植物的光合作用过程,这一过程可以起到减缓温室效应、改善大气环境的作用。

$$V_{ch} = V_{ac} + V_{ao} \tag{7-9}$$

大气调节功能的生态价值(V_{ch})涵盖固定碳的价值(V_{ac})、释放氧的价值(V_{ao})两方面,分别采用造林成本法与工业制氧法进行核算,即利用成本替代的思想,将固定碳的价值等同于植树造林达到相同固定碳量所需要的成本价值,即固碳量(Q_{ac})乘以造林成本价格(P_{ac}):

$$V_{ac} = Q_{ac} \times P_{ac} \tag{7-10}$$

将释氧价值等同于工业上制造等量氧气所需要的成本价值,即释氧量(Q_{ao})与工业制氧价格(P_{ao})的乘积:

$$V_{ao} = Q_{ao} \times P_{ao} \tag{7-11}$$

(2) 气候调节。湿地具有明显的增湿、降温效应,大范围的水体蒸发和植物蒸腾可以有效地吸热、降温,同时,还可以增加空气中的水分含量,缓解厄尔尼诺现象。该功能的核算主要是通过修正系数法,即湿地气候调节功能价值为:

$$V_c = A \times P_i \times (WE + WT) \tag{7-12}$$

其中,A、P_i、WE 和 WT 分别表示校正系数、单位体积湿地调节气候的价值、湿地水汽蒸发量、湿地植被水汽蒸腾量。A 的数值为湿地保护区与地带性林区干旱指数的比值。

(3) 水质净化。湿地动植物和微生物可以通过多种方式实现水质的净化,包括物理、化学以及生物方法等,当水流经湿地的时候,它们可能会沉积和吸附污染物,从而实现水质的净化,湿地植物在生长过程中吸收水中污染的营养物,湿地微生物通过化学反应分解污染物。使用成本替代法进行核算。具体公式为:

$$V_P = S_i L_{Pi} F_P + S_i L_{Ni} F_N \tag{7-13}$$

其中,S_i、L_{Pi} 和 L_{Ni} 则分别表示第 i 类湿地的面积,削减 P、N 的量;F_P 和 F_N 分别表示除去水中 P、N 的成本。

(4) 涵养水源。大部分的湿地都是以沼泽为主,由于它特有的土壤特征,使得它具备了良好的储水功能。它可以截留降雨、调节地表径流、防止洪灾,在干旱时节提供水资源、协调季节之间的水流量。在涵养水源方面,可将湿地近似地看成是水库,故采用影子工程法,通过获取湿地蓄水总量与单位库容造价进行核算,即涵养水源价值总量等于人工修建一个蓄水相同水量的水库的造价成本,为湿地常水位蓄水总量（X）与单位库容造价成本（Z）的乘积：

$$V_W = X \times Z \tag{7-14}$$

7.6.3.2 支持功能

在湿地生态系统的其他功能中，支撑服务是最基本的，它包含了两个重要的功能，即生物多样性维护和养分循环。湿地是生物多样性的重要组成部分。湿地植物在减少地表径流冲刷和防止水土流失方面起着重要的作用，并能保持土壤的肥力。

（1）生物多样性维持。通常采用成果参照法核算生物多样性维持功能，通过研究大量文献，确定以单位面积价值来计算总体价值，即湿地生物多样性维持价值为：湿地面积（S）乘以单位面生物多样性维持服务价值（P_b）：

$$V_b = S \times P_b \tag{7-15}$$

（2）营养循环。采用生物库养分持留法进行计算，即把湿地的营养循环价值量看作湿地所含化学元素换算成含等量化学元素的化肥的成本，进而进行核算，即：

$$V_{cy} = CB\left(\frac{NC_1}{R_1} + \frac{PC_2}{R_2} + \frac{KC_3}{R_3}\right) \tag{7-16}$$

其中，C 表示发挥营养循环功能的湿地面积；B 表示林分净生产力；N、P、K 分别表示湿地植物含氮、磷、钾量；C_1 和 C_2 分别表示磷酸二铵化肥和氯化钾化肥的价格；$R_1 = 14\%$，即磷酸二铵含氮量；$R_2 = 15.01\%$，即磷酸二铵含磷量；$R_3 = 50\%$，即氯化钾含钾量。

7.6.3.3 供给功能

供给功能是指湿地生态系统为人们提供的动植物产品。湿地生物由动物、植物、微生物组成，其中仅有部分动物和植物可供人类利用，因而归入生物资源核算。在空间资源方面，编制湿地资源资产负债表主要考虑湿地生物承担的供给功能，即其中的物质生产作用。

供给指湿地作为生态系统的供给作用，由其中的生产者提供，主要由湿生植被、沉水植被、浮水植被、挺水植被、人工植被等植被组成。湿地生态系统水位一般较浅，物质生产作物多为植物，且作物的面积较大，如芦苇等，故采用市场价值法对物质生产进行核算。通过计算市场上每种物质的市价乘生产量的累计和得到：

$$V_{nu} = V_1 + V_2 + \cdots + V_n = \sum_{i=1}^{n} A_i D_i P_i \qquad (7-17)$$

其中，V_i 表示第 i 种原材料的生产价值；A_i 表示第 i 种生物的分布面积；D_i 表示该第 i 种生物的单位面积产量；P_i 表示第 i 种生物的市场价格；V_{nu} 表示物质生产价值。

7.6.3.4 文化功能

湿地不仅拥有优美的自然风光，还具备让人心情愉悦、陶冶情操、享受自然的功能。不仅如此，湿地丰富的资源为科学研究、教育提供了大量素材，具有高度的文化功能。由于湿地所有群落和自然环境的历史、文化等社会价值的统计难度太大，现阶段文化功能主要核算湿地生态环境的文化价值。

（1）科研文化。通常采用成果参照法核算湿地科研文化价值。具体操作是通过研究、汇总其他文献中单位湿地生态系统的平均科研价值来计算，即：

$$V_S = S \times P_S \qquad (7-18)$$

其中，V_S 表示科研文化功能价值；S 表示湿地面积；P_S 表示单位湿地生态系统的平均科研价值。

（2）旅游文化。使用收益法来进行会计核算，用景观资产的净现金流来表示收益预期，通过对景观资产的现金流入和现金流出的预测来计算预期现金流量，并将其作为收益额，根据折现率的确定来对该景观资产的旅游价值进行评估，即：

$$V_{tr} = \sum_{i=1}^{n} \frac{R_i}{(1+r)^i} + \frac{T}{r(1+r)^n} \qquad (7-19)$$

其中，R_i 表示景观资产第 i 年的收益；T 表示景观资产稳定期的年金收益；r 表示折现率（资本化率）；V_{tr} 表示旅游文化评估值。

7.6.4 湿地资源资产负债表的编制

在编制湿地资源资产负债表时，应当视实际情况选取合适的方法。湿地生态系统服务价值评估存在较强的主观性，选取不同的价值评估方法对湿地资源进行核算，可能得到的研究结果相差较大，因此，在核算具体地区的湿地资源资产负债时，研究人员应当结合该地区的经济、社会、生态、人文等特点，基于湿地资源的实际情况，审慎地选择价值评估方法，以提高评估的客观性（张婕等，2020）。当前，资源资产负债表体系尚不完善，本书在归纳、反思自然资源核算和湿地生态价值核算领域的研究成果的基础上，对海洋资源资产负债表中湿地分表中的编制原则、步骤进行初步探讨，设计湿地资源资产负债表如表7－31所示。

表7－31　　　　　　　　　　湿地资源资产负债表

项目	调节功能				支持功能		供给功能	文化功能	
	大气调节	气候调节	水质净化	涵养水源	生物多样性维持	营养循环	物质生产	科研文化	旅游文化
期初存量									
增加量									
减少量									
期末存量									

7.7　海岛资源的核算

海岛不仅具有经济、生态和文化价值，还具有独特的政治和军事价值，例如，我国的钓鱼岛和西沙群岛等。近年来，我国的海岛开发建设随着国家海洋领域事业的发展也进入了较为快速发展的时期，尤其是党的十八大以来海洋强国战略的提出，更是在原本就趋于较快发展的海洋经济之上增柴添火。国家进一步加强了对无居民海岛的管理，促使沿海陆域产业向海岛逐渐延伸，增强了海陆经济的一体化发展。因此，海岛本身在国家海洋经济建设和维护国家海洋安全等方面起着越来越重要的作用。

综上所述，对海岛自然资源资产的核算不仅非常重要，而且有着十分重要的意义和重大的价值。根据自然资源资产负债表的含义，结合海岛自身特征，将海岛自然资源资产负债表定义为"特定时间段内海岛自然资源资产实物量和价值量、存量和流量、分类量和综合量等各种项目列表的记录，反映海岛发展所消耗自然资源资产、破坏生态环境的状况。"

目前，中国海岛的保护与管理仍面临诸多问题，资源保护与资源开发之间存在突出矛盾、海洋空间资源日益稀缺（奚恒辉等，2022）。随着海岛在海洋经济发展中的地位不断提升，海岛自然资源资产负债表的编制成为当前形势下改善海岛保护与发展关系的历史必然与战略需求。通过编制海岛资源资产负债表，不仅能够揭示海岛人类活动、资源损耗、环境退化之间的相互关系，为海岛自然资源节约与生态环境保护提供切实依据，还可为实现海岛可持续发展奠定基础。

7.7.1 海岛资源的特征

7.7.1.1 海岛特征

海岛独特的地理环境使得海岛的生态系统极其脆弱，限制了海岛资源的进一步开发。海岛根据使用类型可划分为居民海岛和无居民海岛。无居民海岛无常住人口，通常包括岛屿、岩礁和低潮高地等类型。在海岛自然资源资产的价值评估过程中对于无居民用岛的核算十分重要。

7.7.1.2 无居民海岛

（1）无居民海岛的特征。无居民海岛是一种特殊的岛屿，具有独特的资源与特点。这些岛屿有三种主要的自然资源，即陆地、滩涂和近海资源，包括矿产、生物、旅游和风能。一般而言，该类岛屿资源单一，生态环境脆弱，面积狭小，结构单一，自然灾害频发，基础设施薄弱。

（2）无居民海岛的存在问题。近年来，随着对无居民海岛的开发，无居民海岛的生态环境遭受了一定的破坏，由此引发了一系列的问题，比如：无序、无度、无偿等现象；一些岛屿还存在着资源、环境等问题，产权不清晰，没有统一的、协调的管理；法律法规建设相对滞后，保护意识淡薄等问题较为突出。在这一背景下，对无居民海岛的资源资产和负债进行会计处理是非常必要的。

（3）无居民海岛的开发利用模式。现有研究主要从两方面探寻无居民海岛的开发利用模式：一是基于无居民海岛保护性开发利用视角，部分学者认为无居民海岛的开发利用应以可持续发展、资源环境破坏最小化为前提，提倡以生态旅游等形式对无居民海岛的丰富资源进行开发利用（常岭等，2021；高奕康等，2021）。二是根据无居民海岛的资源特点，提出了无居民海岛开发利用策略。根据资源特点，无居民海岛可分为自然保护区、旅游景点开发、工业生产和商贸区、渔业养殖和海洋农牧化产业开发等不同类型。

(4) 无居民海岛的开发利用措施。保护和开发利用无居民岛屿的对策和措施也是研究中的一大挑战。李巧稚（2004）认为制定无居民海岛功能区划与规划的技术规程、完善申请审批等配套制度、制定信息系统建设规程等是无居民海岛保护与利用管理工作的关键。在此基础上，提出了一套适合我国国情的无居民海岛保护和发展的政策建议。李巧稚（2004）指出，建立无居民海岛功能分区和规划的技术规范、完善无居民海岛的申请和审批等相关配套制度以及建立无居民海岛信息系统等是无居民海岛保护和管理的重点。部分学者结合当地社会经济发展状况和资源特征等，也提出了许多保护与开发利用对策，包括编制无居民海岛旅游发展规划；评估海岛资源承载力，加强海岛资源开发利用的动态管理；积极开展国民教育和旅游宣传等（齐玥等，2022；顾勇等，2022）。

(5) 无居民海岛的可持续发展。关于无居民海岛的研究，重点和归属是可持续发展。学者从以下不同视角提出了无居民海岛可持续发展的策略：一是从资源角度出发，认为无居民海岛保护区发展应充分考虑到资源可再生性问题，建立海岛资源开发总体控制和市场调控机制等。二是从科学规划视角出发，依托先进技术对无居民海岛实行统一规划，形成以管理和保护为主的可持续开发对策。三是从功能分区和分级管理的角度出发，对岛屿的功能和分级保护进行了界定，这是岛屿资源保护的先决条件。在生态型、开发型等不同分类管理方式下，结合海岛资源的不同特征，通过建设自然保护区、发展旅游业等保护性开发措施实现无居民海岛的可持续发展。

7.7.2 海岛自然资源的价值评估方法

7.7.2.1 自然资源资产实物类型

本书在现有研究的基础上结合海岛的典型特征，遵循"先实物，再价值""先存量，再流量""先分类，再综合"的原则（季曦和刘洋轩，2016；石洪华等，2016），建立海岛自然资源资产负债表实物账户和价值账户。

中国的海岛自然资源种类繁多，确定海岛自然资源资产的范围和类别是进行海岛自然资源资产实物账户构建的基础。国内外研究经验表明，自然资源耗减和生态环境核算都是自然资源核算的重要组成部分（杨世忠等，2020；Alfsen & Greaker，2007）。对中国的海岛而言，自然资源的耗减关系着海岛的健康发展，独特的生态系统及其功能同样是海岛的典型特征,因此,在海岛自然资源资产负债表的实物类型中,不仅应当包括海岛所拥有的用于社会经济系统的自然资源,还应当包括海岛生态系统的典型服务功能(这也就将海岛的旅游资源包含在内)。

7.7.2.2 资源分类以及其主要核算方法

海岛的旅游资源、海岛的生物资源、海岛的空间资源、海洋的矿产资源和能源资源等都是海岛资源的重要组成部分。相关评估方法介绍及应用如表7-32所示。

表7-32　　　　　　　相关评估方法介绍及应用

评估方法类型		具体方法	价值类型
市场评估法	市场法	市场价格法	直接、间接使用价值
	成本法	避免成本法	直接、间接使用价值
		替代成本法	直接、间接使用价值
		缓解/恢复成本法	直接、间接使用价值
	生产法	生产函数法	间接使用价值
		要素效益法	间接使用价值
非市场评估法	显示偏好法	旅行成本法	直接(间接)使用价值
		享乐定价法	直接、间接使用价值
	陈述偏好法	条件估值法	使用和非使用价值
		选择模型法/联合分析法	使用和非使用价值
		条件排序法	使用和非使用价值
		协商小组估值法	使用和非使用价值

作为生态系统服务价值评估常用的方法之一,意愿调查法(非市场法)的关键在于对不同人群的生态服务支付意愿进行调查咨询,利用支付意愿、净支付意愿以及补偿意愿对环境商品的经济价值进行衡量。随着意愿调查法的不断拓展,研究者发现在调查问卷中设置二分式问题更能模拟市场定价行为,即受访者针对问题回答"是"或者"不是",例如,询问受访者是否愿意为防止某地区水资源污染支付一定数量金额,受访者只需要回答"是"或"不是"。1976年,Bishop和Heberlein首先提出了二分式条件价值评估,后被Carson等拓展为双边界二分式条件价值评估方法,其有效性和科学性在后来的研究中逐渐得到验证。20世纪90年代以来,二分式问题格式成为了调查法研究采用的主要引导方式。

市场法也就是比较市场价格的方法。在此基础上,将待估资产与近期销售的同类资产进行比较,并对同类资产的市场价格进行修正,从而得出待估资产的价值。

市场法的使用以下面的三个条件为前提:首先,必须有一个非常活跃的市场来进行资产交换。在市场经济中可以进行多种商品的市场交易,而资产是一种特殊的商品,在市场交易中起着举足轻重的作用。其次,在市场分析方法中,需要有与被评价对象相对应的参考指标和技术参数等。在运用市场价值方法时,如何寻找到与被估资产完全一致或相近的参照物,是非常困难的。在实际应用中,很难找出与待估资产一模一样的资产,这就要求对相似资产进行适当的调整。能否获得相应的调整指标和技术参数,将直接影响到市场方法的运用。

对于海岛中的海洋旅游资源,本书可以使用非市场评估法对其进行评估,依据具体情况可以选择意愿调查评估方法;对于海洋生物资源可以选择市场评估法,在资产市场上寻找对应评估资产的参照物和参照指标。例如,海洋生物资源在海鲜市场上对应于每一种不同海鲜的市场价格,通过对不同季度、不同种类海鲜的价格数据进行收集,从而对海岛生物资源进行一个大致的评估;对于海岛空间资源可以根据情况选择市场或者非市场评估方法;对于海洋矿产与能源资源建议选择市场评估方法;对于海水资源可以根据具体情况选择市场或者非市场的价值评估方法。

7.7.3 海岛自然资源的核算方法

海洋资源资产以实物量核算为基础,利用价值化手段来进行海洋资源资产核算,在具体的表式结构上,纵向表示海洋资源资产的不同资源类型,横向表示期初和期末存量、本期增加与减少(见表7-33)。

表7-33　　　　　　　　海岛资源资产实物型分类账户结构

	海岛旅游	海岛生物	海岛空间	矿产与能源	海水
期初资源存量					
资源存量增加量					
资源存量减少量					
期末资源存量					

7.7.3.1 海洋自然资源资产及收入

因为海洋自然资源种类繁多,涉及空间资源、可再生能源、生物资源等多种资源。但是，这些资源之间又存在着一些很难定义的交叉区域，所以科学合理地编制海洋自然资源资产负债分部报表，其中一个最大的难题就是如何对海洋自然资源进行核算。《自然生态空间用途管制办法（试行）》明确指出，"自然生态空间是指具有自然属性、以提供生态产品或服务为主导功能的国土空间，涵盖需要保护和合理利用的森林、草原、湿地、河流、湖泊、滩涂、岸线、海洋、荒地、荒漠、戈壁、冰川、高山冻原、无居民海岛等"。在对海岛自然资源资产负债进行核算时，主要研究无居民海岛的资产核算方法，一是因为居民使用岛可以包括在海域资产核算中，二是因为居民使用岛仅占我国海岛总数的6%，可以近似忽略。在此基础上，将纳入海洋领域自然资源资产负债分部报表的自然资源资产主要分为了两类，一类是海域，另一类是无居民海岛，因此，设立了两类一级账户。在建立一级账户后，应建立二级、三级甚至四级账户，即海洋资源和无居民海岛的资源应重新分类并纳入账户，以尽可能确保海洋自然资源资产负债数据的准确性。

7.7.3.2 海岛自然资源资产的界定

海岛资产应界定为已确权进入经济适用的国家主张管辖范围层面上的海岛。依据《关于开展市县级海岛保护规划编制工作的通知》《关于调整海域无居民海岛使用金征收标准的通知》等相关文件，对海岛的分类如表7-34所示。

表7-34　　　　　　　　　　海岛分类表

一级类型	二级类型		
保护类岛屿	国家权益类	海洋特别保护类	海洋自然保护类
	重要渔业品种保护类	自然遗迹和非生物资源保护类	
利用类岛屿	旅游娱乐用岛	可再生能源用岛	渔业用岛
	交通运输用岛	城乡建设用岛	农牧业用岛
	工业仓储用岛	公共服务用岛	国防用岛
保留类岛屿	保留类		

7.7.3.3 海岛自然资源负债及费用

（1）海岛自然资源负债。海洋自然资源负债指的是开发海洋自然资源造成的不可预测和不受控制的环境污染以及生态的破坏而必须承担的当前负债。从我国海洋自然资源负债的内涵来看，其具有如下特征：海洋自然资源负债是一种现时义务，也就是在现行条件下对其所处的海洋生态环境进行修复的义务。海洋自然资源负债是由于过去持续对海洋资源的利用、经营活动或其他事项导致的。海洋自然资源负债确认的先决条件是，开采海洋自然资源，最终对海洋生态系统或人类健康等造成重大损害。海洋环境的污染和生态损害具有不可预知和不可控制的特点。例如，由于对海洋资源的开采而造成的不可预测和不可控制的减少，这种成本被称为海洋自然资源负债；反过来，在使用过程中，产生的废水是可预测的，由开发商控制和处理，处理污染废水的成本被称为海洋自然资源成本。因此，负债应被视为由使用岛屿的企业的行为产生，并且应为废水、废水、污泥、固体废物、噪声和其他环境污染以及生态破坏的管理所产生的可预见和可控的成本。

（2）海岛自然资源费用。将企业用海岛活动所产生的污水、废渣、固体废物、噪声等处理费用和企业在实施用海工程之前所投资的防止海洋环境污染的费用计算在内。

（3）海岛自然资源资产及利润。

① 海岛自然资源资产。

$$资产 = 负债 + 净资产$$

② 海岛自然资源利润。

海岛资源利润 = 海岛资源收入 − 海岛资源费用净额 + 直接计入当期利润的利得和损失

（4）报表要素计量。

① 实物量计量。在实际操作中，首先有必要对核算区内有资格获得权利的每一类型岛屿的面积进行准确和连续的统计，以便全面了解不同时期无居民海岛的资源；其次比较不同时间点之间的存量变化，得出会计期间无居民海岛资源资产的流量。

② 价值量计量。根据海岛等别、用岛类型和用岛方式，综合考虑海岛上生物物种、沙滩等资源环境的价值评估结果，制定公式如下：

$$A = \alpha \times (1 + \theta) \times S \tag{7-20}$$

$$\theta = \theta_g + \theta_t + \theta_m + \theta_e + \theta_p \tag{7-21}$$

得到：

$$A = \alpha \times (1 + \theta_g + \theta_m + \theta_e + \theta_p) \tag{7-22}$$

其中，A 表示待计量海岛资源资产的最终价值量；a 表示基本单价，一般为毗邻土地使用权转让单价；θ 表示修正系数；$θ_g$ 表示海岛等别修正系数；$θ_t$ 表示用岛类型修正系数；$θ_m$ 表示用岛方式修正系数；$θ_e$ 表示环境修正系数；$θ_p$ 表示政策修正系数；S 代表待计量的用岛面积。

从理论上来说，很难对海洋自然资源负债的价值量进行直接度量。因此，本书提出了一种方法，通过使用中央或者地方政府海域、海岛整治修复的资金量来反映负债的价值，并将其构建成如下公式：

$$L = f × α × s \tag{7-23}$$

其中，L 表示待计量的海岛资源负债的价值量；f 表示海岛整治修复专项资金在单位用海岛面积上的分摊金额；α 表示修正系数，若参考的海岛与待计量的无居民海岛在生态环境方面有明显差异，则使用修正系数进行修正，在实际操作中可由专家打分获取 α 值；S 表示待计量的用岛面积。

第8章 全书总结

随着对经济与环境关系认识的深入，重视经济增长与生态保护的协调发展，已经成为世界各国的共识。在经济发展理念和政绩考核观念转变的背景下，中国政府提出并倡导的自然资源资产负债表对于政府治理、经济可持续发展与环境和资源管理具有重要影响。本书以自然资源资产负债表"领导干部离任审计"和"摸清'家底'"的动机为基础，对其内涵、主要框架、构成要素与编制思路及样表列报进行了讨论。本书得到以下几点研究结论：第一，自然资源资产负债表是政府治理体系的重要组成部分，既具有会计报表的信息披露功能，又具有管理和监督功能，其会计属性和智力属性不可偏废；第二，应根据自然资产负债表编制的理论依据，研究其编制前提、计量原则、核算范围、构成要素和报表格式等理论重点和难点问题，对自然资源资产负债表的编制框架和体系进行优化及完善，为其目标实现与实际应用提供理论基础；第三，自然资源资产负债表并不是一张孤表，而应是一个报表体系，应优化自然资源账户和报表体系，完善其勾稽关系和平衡原理，推动自然资源资产负债表走向实务化。

本书提出以下几点政策建议。

首先，构建统一的理论框架并积极进行编制实践。对自然资源资产负债表而言，当前最大的问题是其属于一个概念范畴，缺乏一个相对完整和统一的理论框架，这导致其核算范围、计量属性、责任主体和构成要素等方面的研究处于"各行其是"的状态，导致自然资源资产负债表的编制缺乏理论指导和规范；另一个问题是，当前关于自然资源资产负债表的理论研究尚未与其编制实践进行有效互动，对报表编制过程中遇到的实际问题缺乏针对性理论指导。为此，中国学术界应当将理论研究与实际操作相结合，以促进我国自然资源资产负债表的构建与编制工作的发展。

其次,基于中国制度背景,借鉴国外有益经验。"他山之玉,可以攻石",中国的自然资源资产负债表编制应基于中国制度背景,但考虑到中国对于自然资源核算的研究和实践历史相对较短,因此,应在一定程度上借鉴国外自然资源核算的相关理念和经验,如 SNA 和 SEEA 关于产权的部门共有理念,对解决以公有产权为特征的中国自然资源产权制度下报表构成要素责任主体的认定问题具有参考价值。同样地,挪威和澳大利亚等国的自然资源核算和报表编制实践也可以为中国自然资产负债表的编制提供参照依据。

再次,明确管理主体,避免多头管理。由于自然资源种类繁多,地域分布广阔,其管辖主体通常包括多个政府部门,这很容易导致多头管理或疏于管理的问题。在自然资源资产负债表的编制过程中,无论多头管理还是疏于管理,都有可能导致资源分类、数据统计以及计量属性等方面出现差异甚至错误。因此,自然资源资产负债表的编制应明确统一的管理主体,对相关职能部门进行管理、指导和协调,保证资源分类、账户设置、计量属性选择和报表编制格式的统一性,保障信息上传下达的效率和效果。

最后,坚持自然资源资产负债表完备性和开放性的统一。自然资源资产负债表的编制应遵循会计平衡原理,并明确构成要素、核算范围、计量属性和勾稽关系等,保证报表内容和逻辑的完备性。然而,自然资源的核算范围和计量方法受技术发展的影响较大,随着物理技术和计量技术的发展,可纳入核算范围并进行合理计量的自然资源要素可能越来越多,这些自然资源都应在自然资源资产负债表之内。总之,自然资源资产负债表的编制应坚持完备性和开放性的统一。

主要参考文献

[1] 艾晓荣,张华,王方雄.海岸带资源价值评价方法研究进展.海洋开发与管理,2012(7).

[2] 常岭,谭春兰,朱清澄.无居民海岛开发利用适宜性评价——以上海市九段沙岛为例.海洋开发与管理,2021(38).

[3] 陈尚,任大川,夏涛,等.海洋生态资本价值结构要素与评估指标体系.生态学报,2010(23).

[4] 陈艳利,弓锐,赵红云.自然资源资产负债表编制:理论基础、关键概念、框架设计.会计研究,2015(9):18-26+96.

[5] 崔亚飞,祁丹.官员离任政绩审计土地资源核算表编制.盐城师范学院学报(人文社会科学版),2017,37(3):9-14.

[6] 付秀梅,苏丽荣,李晓燕,等.海洋生物资源资产负债表基本概念内涵解析.海洋通报,2018(4).

[7] 高奕康,刘旭,林河山,等.我国无居民海岛管理现状、问题及建议.海洋开发与管理,2021(38).

[8] 耿建新,李洋,尚会君.编制我国的矿产与能源资产平衡表探讨.环境与可持续发展,2015,40(6):8.

[9] 耿建新,吕晓敏,刘尚睿.基于资源环境承载能力的资源资产离任审计研究——以我国林木资源为例.会计之友,2019(24):104-112.

[10] 顾勇,田鹏,谢哲宇,等.无居民海岛土地开发适宜性动态评价——以福建平潭大屿岛为例.海洋环境科学,2022(41).

[11] 韩德军.土地资源资产负债表编制方法探究.才智,2015(22):291-292.

［12］韩鹏．自然资源资产负债表要素重分类及其填列．统计与决策，2023，39（9）：52-56．

［13］洪宇．自然资源资产负债与资产离任审计协同性分析．会计之友，2018（14）．

［14］季曦，刘洋轩．矿产资源资产负债表编制技术框架初探．中国人口·资源与环境，2016（26）．

［15］焦志倩，王红瑞，许新宜，等．自然资源资产负债表编制设计及应用Ⅰ：设计．自然资源学报，2018，33（10）：1706-1714．

［16］李金华．论中国自然资源资产负债表编制的方法．财经问题研究，2016（07）：3-11．

［17］李巧稚．无居民海岛管理的关键问题研究．海洋信息，2004（4）．

［18］李文君．海岸线价值评测方法研究．武汉：中国地质大学，2016．

［19］李雪敏．自然资源资产负债表的理论研究与实践探索．统计与决策，2021（21）：6．

［20］刘红梅，陈煜，王克强．土地资源资产负债表编制研究——以上海市的报表编制为例．会计之友，2020（17）：20-26．

［21］刘纪远，匡文慧，张增祥，等．20世纪80年代末以来中国土地利用变化的基本特征与空间格局．地理学报，2014，69（01）：3-14．

［22］刘玉洁，封志明，杨艳昭，等．自然资源资产负债表编制中生态损益核算．自然资源学报，2020：755-766．

［23］马煜曦，李秀珍，林世伟，等．崇明环岛湿地生态服务价值核算及其不确定性．生态学杂志，2020（39）．

［24］齐玥，马恭博，康婧，等．无居民海岛资源环境承载力评价——以渤海为例．海洋环境科学，2022（4）．

［25］邱琳，俞洁，邓劲松，等．遥感和GIS支持下浙江省自然资源资产负债表编制研究．中国环境管理，2019（5）．

［26］佘彦霏，王文翔，杜桠楠，等．海岸线景观带旅游可持续性发展探究．当代旅游，2021（6）．

［27］盛明泉，姚智毅．基于政府视角的自然资源资产负债表编制探讨．审计与经济研究，2017（1）．

[28] 石洪华, 池源, 郑伟. 海岛自然资源资产负债表设计基本思路. 中国海洋经济, 2016 (2).

[29] 陶建格, 吕媛琦, 何利, 等. 基于复式记账的土地资源资产核算与报表编制研究. 中国人口·资源与环境, 2020, 30 (01): 22-29.

[30] 王辉龙. 创新和富民的路径及其价值: 江苏的例证. 江苏师范大学学报 (哲学社会科学版), 2017 (6).

[31] 王娇月, 邴龙飞, 尹岩, 等. 湿地生态系统服务功能及其价值核算——以福州市为例. 应用生态学报, 2021 (32).

[32] 王俊杰. 中国国家自然资源资产负债表编制——基于生态足迹方法. 当代财经, 2022 (06): 123-138.

[33] 王舒鸿, 陈汉雪, 黄冲, 等. 海洋强国战略目标下海洋经济统计核算的综述. 北方论丛, 2022 (1).

[34] 王舒鸿, 邢璐, 陈穗穗. 高水平对外开放与生物多样性安全: 现状、问题及展望. 北方论丛, 2023 (1).

[35] 奚恒辉, 崔旺来, 陈骏玲. 基于自然资源产权视角的海岛生态补偿机制研究. 海洋湖沼通报, 2022 (44).

[36] 向书坚, 郑瑞坤. 自然资源资产负债表中的资产范畴问题研究. 统计研究, 2015 (12): 9.

[37] 谢高地, 甄霖, 鲁春霞, 等. 一个基于专家知识的生态系统服务价值化方法. 自然资源学报, 2008 (05): 911-919.

[38] 薛智超, 闫慧敏, 杜文鹏, 等. 自然资源资产负债表编制中土地资源过耗负债的核算方法研究. 资源科学, 2018, 40 (05): 919-928.

[39] 闫慧敏, 封志明, 杨艳昭, 等. 全国首张市/县自然资源资产负债表编制. 资源科学, 2017, 39 (09): 1634-1645.

[40] 闫吉顺, 张盼, 黄小露, 等. 自然海岸资源价值核算方法研究与应用. 海洋开发与管理, 2019 (5).

[41] 杨世忠, 谭振华, 王世杰. 论我国自然资源资产负债核算的方法逻辑及系统框架构建. 管理世界, 2020 (36).

[42] 杨艳昭, 封志明, 闫慧敏, 等. 自然资源资产负债表编制的"承德模式". 资源科学, 2017, 39 (09): 1646-1657.

[43] 杨燕燕, 王永瑜, 徐绮阳. 自然资源负债研究综述与展望. 财会月刊, 2022 (07): 79-83.

[44] 姚霖, 余振国. 土地资源资产负债表编制问题管窥. 财会月刊, 2016 (21): 84-88.

[45] 殷丽娟, 许罕多. 海洋捕捞渔业资源资产负债表编制研究. 海洋经济, 2021 (2).

[46] 袁辰璐, 王娟. 海岛原真性感知对游客价值共创行为的影响研究——以地方依恋为中介. 海洋湖沼通报, 2022 (44).

[47] 张婕, 刘玉洁, 潘韬, 等. 自然资源资产负债表编制中生态损益核算. 自然资源学报, 2020 (35).

[48] 张卫民, 王会. 湿地资源资产负债表框架构建探索. 环境保护, 2017 (17).

[49] 张颖, 王智晨. 自然资源资产负债表编制研究现状及其拓展. 中国地质大学学报 (社会科学版), 2021, 21 (05): 101-109.

[50] 张友棠, 刘帅, 卢楠. 自然资源资产负债表创建研究. 财会通讯, 2014 (10): 6-9.

[51] Andreoni, J., Levinson, A. The simple analytics of the environmental Kuznets curve. Journal of Public Economics, 2001, 80 (2): 269-286.

[52] Banerjee, O., Cicowiez, M., Horridge, M., et al. A conceptual framework for integrated economic-environmental modeling. The Journal of Environment & Development, 2018, 25 (3): 276-305.

[53] Bebbington, Jan. Accounting for the environment. Sauzende Oaks: Sage Publications, 2001.

[54] Benston, G. J., Carmichael, D. R., Demski, J. S., et al. The FASB's conceptual framework for financial reporting: a critical analysis. Accounting Horizons, 2007, 21 (2): 229-238.

[55] Borissov, K., Pakhnin, M. Economic growth and property rights on natural resources. Economic Theory, 2014: 1-60.

[56] Bramlett, R. W. The federal accounting standards advisory board: an introduction for non-accountants. Public Budgeting & Finance, 2010, 11 (4): 11-19.

[57] Brock, W. A., Taylor, M. S. Economic growth and the environment: a review of theory and empirics. Handbook of Economic Growth, 2005, 1 (05): 1749 – 1821.

[58] Brock, W. A., Taylor, M. S. The green Solow model. Journal of Economic Growth, 2010, 15 (2): 127 – 153.

[59] Chen, J. C., Cho, C. H., Patten, D. M. Initiating disclosure of environmental liability information: an empirical analysis of firm choice. Journal of Business Ethics, 2014, 125 (4): 681 – 692.

[60] Chongliang Ye, Feihan Sun. Development of a social value evaluation model for coastal wetlands. Ecological Informatics, 2021, 65.

[61] Cole, M. A., Rayner, A. J., Bates, J. M. The environmental Kuznets curve: an empirical analysis. Environment & Development Economics, 1997, 2 (4), 401 – 416.

[62] Collis, J., Holt, A., Hussey, R. The conceptual framework for financial reporting. International Accounting Standards Board.

[63] Costanza R, Arge, Groot R D, et al. The value of the world's ecosystem services and natural capital. Nature, 1997, 387 (15): 253 – 260.

[64] Demsetz, H. Toward a theory of property rights. American Economic Review, 1974, 57 (2), 347 – 359.

[65] Division U N S. System of Environmental-Economic Accounting 2012. World Bank Publications, 2017.

[66] Dong, H., Fujita, T., Geng, Y., et al. A review on ecocity evaluation methods and highlights for integration. Ecological Indicators, 2016, 60: 1184 – 1191.

[67] Grossman, G. M., Krueger, A. B. Economic growth and the environment. Quarterly Journal of Economics, 1995, 110 (2), 353 – 377.

[68] Harris, M., Fraser, I. Natural resource accounting in theory and practice: a critical assessment. Australian Journal of Agricultural & Resource Economics, 2002, 46 (2), 139 – 192.

[69] Hartman, R., Kwon, O. S. Sustainable growth and the environmental Kuznets curve. Journal of Economic Dynamics & Control, 2005, 29 (10), 1701 –

1736.

[70] Hartwick, J. M. Natural resources, national accounting and economic depreciation. Journal of Public Economics, 1990, 43 (3): 291-304.

[71] He, J., Wang, H. Economic structure, development policy and environmental quality: an empirical analysis of environmental Kuznets curves with Chinese municipal data. Ecological Economics, 2012, 76 (1): 49-59.

[72] Hilton, F. G. H., Levinson, A. Factoring the environmental Kuznets curve: evidence from automotive lead emissions. Discussion Papers, 1998, 35 (2): 126-141.

[73] Holub, H., W., Tappeiner, G., Tappeiner, U. Some remarks on the "System of Integrated Environmental and Economic Accounting" of the United Nations. Ecological Economics, 1999, 29 (3): 329-336.

[74] Hu, W., Shi, D., Guo, C. The framework system of natural resource statement of assets and liabilities: an idea based on SEEA2012, SNA2008 and national statement of assets and liabilities. Journal of Resources and Ecology, 2015, 6 (6): 433-437.

[75] Hung, N. M. Natural resources, national accounting, and economic depreciation: stock effects. Journal of Public Economics, 1993, 51 (3): 379-389.

[76] Jensen, M., Meckling, C. Theory of the firm: managerial behavior, agency costs, and ownership structure. Journal of Financial Economics, 1976, 3 (4): 305-360.

[77] Jordan, S. J., Hayes, S. E., Yoskowitz, D., et al. Accounting for natural resources and environmental sustainability: linking ecosystem services to human well-being. Environmental Science & Technology, 2010, 44 (5): 1530-1536.

[78] Li, L. Encouraging environmental accounting worldwide: a survey of government policies and instruments. Corporate Environmental Strategy, 2001, 8 (1): 55-64.

[79] Masiga, M., Muramira, E., Kaggwa, R. Contribution of Uganda's forestry sub-sector to the national economy: natural resource accounting appapproach, 2013 (28): 143-185.

[80] Mia, A. H. The role of government in promoting and implementing environmental management accounting: the case of bangladesh. Implementing Environmental Management Accounting Status & Challenges, 2005 (18): 297-320.

[81] Morton, H., Winter, E., Grote, U. Assessing natural resource management through integrated environmental and social-economic accounting: the case of a namibian conservancy. Journal of Environment & Development, 2016, 25 (4): 396-425.

[82] Obst, C., Vardon, M. Recording environmental assets in the national accounts. Oxford Review of Economic Policy, 2017, 30 (1): 126-144.

[83] Qian Cheng, Linfei Zhou, Tieliang Wang. Assessment of ecosystem services value in Linghekou wetland based on landscape change. Environmental and Sustainability Indicators, 2022.

[84] Schreyer, P., Obst, C. Towards complete balance sheets in the national accounts: the case of mineral and energy resources. OECD Green Growth Papers, 2015.

[85] Selden, T. M., Song, D. Environmental quality and development: is there a Kuznets curve for air pollution emissions?. Journal of Environmental Economics & Management, 1994, 27 (2): 147-162.

[86] Song, M., Wang, S., Sun, J. Environmental regulations, staff quality, green technology, R&D efficiency, and profit in manufacturing. Technological Forecasting & Social Change, 2018, 133: 1-14.

[87] Song, M., Zhu, S., Wang, J., et al. China's natural resource balance sheet from the perspective of government oversight: based on the analysis of governance and accounting attributes. Journal of Environmental Management, 2019, 248: 1-16.

[88] Thwaites, R., Lacy, T. D., Li, Y. H., et al. Property rights, social change, and grassland degradation in xilingol biosphere reserve, inner mongolia, china. Society & Natural Resources, 1998, 11 (4): 319-338.

[89] Tutore, I. Key drivers of corporate green strategy. Paper Delivered at Edamba Summer School, 2010.

[90] Un, EU, UN, et al. System of environmental-economic accounting 2012:

central framework. New York: United Nations, 2014.

[91] Wang, S H., Song M. Influence of reverse outsourcing on green technological progress from the perspective of a global supply chain. Science of the Total Environment, 2017 (595): 201 - 208.

[92] Wang, S., Yu, H., Song M. Assessing the efficiency of environmental regulations of large-scale enterprises based on extended fuzzy data envelopment analysis. Industrial Management & Data Systems, 2018, 118 (2): 463 - 479.

[93] Zhang, Y., Baral, A., Bakshi, B. R. Accounting for ecosystem services in life cycle assessment, part II: toward an ecologically based lca. Environmental Science & Technology, 2010, 44 (7): 2624 - 2631.